上課記

中国離島大学の人生講義

王小妮

Wang Xiaoni

ふるまいよしこ 訳

白水社

上課記　中国離島大学の人生講義

上課記　中国離島大学の人生講義＊目次

装幀＝コバヤシタケシ
装画＝佐貫絢郁
組版＝鈴木さゆみ

ロシア
モンゴル
黒龍江省
ハルビン
長春
吉林省
内蒙古自治区
瀋陽
遼寧省
北朝鮮
フフホト
寧夏回族
自治区
北京市
天津市
河北省
渤海
黄
河
銀川
太原
石家荘
韓国
済南
山西省
山東省
黄海
蘭州
甘粛省
西安
鄭州
江蘇省
陝西省
河南省
合肥
南京
上海市
湖北省
安徽省
杭州
成都
武漢
浙江省
川省
重慶市
南昌
長沙
東シナ海
江
貴陽
湖南省
江西省
福州
貴州省
福建省
台湾
昆明
広西チワン族
自治区
広州
深圳
南寧
広東省
香港
マカオ
ベトナム
南シナ海
ラオス
儋州
海口(海南大学)
海南省
三亜
★首都
直轄市
●省都・自治区首府
■特別行政区

カザフスタン
キルギス
ウルムチ
新疆ウイグル自治区
タジキスタン
パキスタン
青海湖
青海省
チベット自治区
ラサ
ネパール
ブータン
インド
バングラデシュ
雲南
ミャンマー
タイ

注は特にことわりがないかぎり
訳者によるものである。

日本語版序文

この本の初版が出たのは二〇一一年末、今からまるまる八年前のことである。本書に出てくる若者たちはすでに社会の一員となり、最年長の子は三十五歳、働き始めてもう十年経った。最年少は一九九三年生まれで二十六歳、それでも仕事を始めて四年ほどが過ぎている。感慨深い。二十六歳から三十五歳というのは、一人の人間が社会生活という枠組みの中で最も活力と想像力にあふれているときだ。

つい先日、あるデータを目にした。一九七七年の冬に大学入試が再開されて以来、中国の大学卒業者は累計五八〇〇万人となった。人口総数の四・四三%に相当する数で、百人に四人が高等教育を受けたことになる。もちろん、深圳や北京といった大都市では若者はほぼ誰もが大学に進むが、全国に視野を広げるとまだまだほんの一部でしかない。そしてわたしの学生たちはまさにそのほんの一部の中でも最も活力にあふれた世代なのである。

最近、ある原稿を書くためにそのうち数人と連絡を取り、卒業後を振り返ってもらった。ある人はそれなりに満足していると言い、年間収入は三〇万元（約四七〇万円）を超えているので自分がやりたいことができると言った。ある人はかつて期待していたことはやっと実現できたものの、新しい悩みを抱えている。またある人は「自分の周囲には大学卒業後ずっと順調にきた人はだれもおらず、みなが少なからず不安を抱えている。だから生まれつきコーヒーを飲める世代の子たちをうらやましいと思う」と言った。また、「満足してない。現状には甘えていられない。しっかりとお金を稼ぎたいけれど、でもお金ばかり追いかけるのもいやだ。次第にそんな自分が嫌いになり、負け犬になってしまいそう」という人もいた。さらに、「心の中の炎はまだ消えていない。自分は自分。でもどんなふうに暮らすかは自分が思い描くようにはいかない」という人も。

あの時からずっと、わたしは彼らと交流を続けている。みんなで集まれば、テーブルをはさんでワイワイとにぎやかに騒ぐが、彼らが自分たちの苦労を口にすることはほぼ耳にしたことがなかった。学生時代に自分を「物語を持っている人間」と自称した彼らは、本当の物語を腹の底に閉じ込めてしまう術を身に着けてしまった。そして、わたしにとってさらに感慨深いのは、今の彼らの身から、あいも変わらず成長時に見せた表情を感じることだ。

だが、彼らはまだ若い。それほど大きく変わったようには見えない。一人ひとりがまだまだクリーンで爽やかで輝いている。願わくば、彼らが家庭を持ち、子どもを育て、腹一杯ご飯をたべて、暖かく過ごすという基本的な生存要求に絡め取られることなく、彼らの「心の中の松明」を守り続けてくれますように。

二〇一九年十二月十二日

著者

序章

二〇〇五年八月末、わたしは初めて大学で教鞭を執った。

もともと自宅を拠点に作家活動をしていたわたしが教師になったのは、偶然からだった。きっかけは二〇〇二年の春ごろ、崔衛平[1]とのおしゃべりの最中、彼女が「あなたは教師向きだわ」と言い出したこと。その言葉にびっくりした。わたしは教師になりたいなどと思ったことがなかったからだ。理由は「物事を秩序立てて教えるのがうまいから」。これによって、わたしの心のスイッチが入った。このわたしが教師ですって？

学生と学生の親という役割は、長い間演じてきた。一九六〇、七〇年代は正規の教育が絶ち切られた時代であり、記憶に残っている教師もいないけれど、親の立場になってから大変な思いばかりしてきた。十数年の間、子供と一緒に学校や教師にがんじがらめにされ、子供がその日着るべき制服を間違えただけで電話で呼び出され、教員室で立ったまま責めたてられた。教師というのは権威のかたまりで、正確そのものの存在なのだとでもいうように、堅いかちかちの表情に口答えしてはならない対象だった。わたし自身といえば、ずっと「己所不欲、勿施於人[2]」を信奉してきた人間だった。一九

(1) 崔衛平：北京電影学院教授、映画研究者。著者はかつて映画文学の編集者だったことがある。
(2)「己所不欲、勿施於人」：「おのれの欲せざるところ、人に施すなかれ」＝自分が求めていないことを他人にしないこと。

九〇年代末に「子供を差し出す」というタイトルの、中国の教育についてのエッセイを書いたことがある。ちょうど我が子は高校生だった。

二〇〇四年、教師になるチャンスが巡ってきた。大変前向きな活動をしている、詩の研究センターに行くという話ではなく、離島の大学で、歴史があるわけでも有名なわけでもなかった。そこでの教職で、逆に自分が良い教師になれるかどうか試してみるのもいいかも、と思った。

二〇〇五年末、最初の学期が終了した。離島に短く慌ただしい寒冷期がやってきて、たっぷりと着込んだ学生たちが実家に帰るための切符を買おうと駅に並んだ。もうこれで「さよなら」なの？ わたしの手元に残されたのは破れかけの学生名簿だけで、他人が見たらただの名前の羅列だろうが、その姓名の裏にはふっと飛び出してくる生き生きとした顔と表情が隠れていた。彼らが見せた表情は、出現したその瞬間に記すことができず、すぐにぼんやりとした記憶になってしまった。その瞬間の新鮮さと面白みが失われてからそれを書き残そうとしても、あの躍動感は戻ってこなかった。

二〇〇六年から、授業の合間に彼らと過ごして見つけた興味深い点を記録することを始めた。学期が終わり、それに「上課記」(3)というタイトルをつけた。当初はばらばらのメモでしかなかったのに、タイトルをつけてしまうと書き続けることができた。新学期が始まってから生き生きとした面白い話が自然に現れるようになり、それらを記録し続けた。その後、貴州省北部で行われたイベントに参加して山間部の野山を歩いた時、暖かい春の日差しの中で同行した「南方都市報」(4)の田志凌記者と休憩した。あちこちに広がる木々の影と太陽の光を眺めながら、彼女は授業のことを書き続けるべきだと言った。確かに、あのばらばらでどこにでもあるような記録はしばらくしてから読み直すと、わたしですら新鮮で、新たな面白さを発見することができ、今日の大学生たちをここから理解したいと思う人もいるのでは、と感じるようになった。

そして、二〇〇六年から二〇一〇年まで、連続五年間の「上課記」が五本にまとまった。それらを比べてみれば、形式、描写のスタイル、視点、文字数、筆者の姿勢がそれぞれに違うことに気づくだろう。そのどれも簡単なメモだったが、それを敢えて整理し直したり、統一感を出すために書き直したり、訂正を入れることはしなかった。最初のメモから読み取れる筆者の情感と視野の変化を、それぞれの年度の大学生たちが抱えるさまざまな心情と境遇の変化を、そしてその背後にある大きな社会環境の変化を読者に読み取ってほしい。そこには慌ただし過ぎる時代という背景の下で起きた、明らかな変化を見ることができる。

記録と執筆は、自分を見つめ、振り返ることでもあった。それぞれの授業の準備から一つの学期の終わりまでを絶えず自分から調整と修正を試み、伝統的な教師の役目を、次第に語り、耳を傾け、討論し、観察する者へと変化させた。それは決して消極的なことではなく、これによって初めて今の時代に相応しい教師の役割に近づけたはずだ。

たとえば、試験の不正に対してわたしの態度が緩すぎるのではないかと問われたことがある。それは緩さではない。上から下への一方的な押し付けばかりを目にして、自分が汚れた泥沼に浸りながら、風に吹かれて揺れている可愛らしい葉っぱたちに潔癖性を求めるのであれば、強靭な説得力と自律が求められるはずだ。わたしは彼らが受け入れやすい方法で、個人の清廉さを彼らに語り、自由で多元的、そして強制のない小さな環境において、わたしのボトムラインを伝えただけである。ただ、その表現方法に多少違いがあっただけだ。

（3）「上課記」：「授業（上課）の記録」の意で、本書の原題にもなっている。
（4）「南方都市報」：広東省広州市にある南方メディアグループが発行する日刊紙。当時、気鋭の記者、編集者を積極的に採用し、調査報道記事が高く評価された。

生活とは凡庸なものである。日常こそが最も本質的なものであり、そうやって水は石を穿つのだ。飛び降り自殺に一時的な激震は走るものの、人びとはため息をついてから十分ほどで生活を続ける。本当に恐ろしく、うっかりしてしまいやすいことは、どんな人も自分が宙ぶらりんになっているときにはそれに気づいていないことだ。だからわたしは、「そんな姿勢はおかしいわ、あなたがそれにすっかり慣れきっていても」と、彼らの注意を喚起しなければならなかった。

同時に、彼らの世代を通ってきた人間として、これまで起こったことを彼らに話しておかなければ、という責任を感じている。義務教育の十二年間においてさらりと無視されてきたできごとや人物、そして今わたしたちのそばで起きている時事ニュースも。学校の壁を境にして彼らを外界から遠ざけてはならない。それは空欄を埋めたり、教科書を丸暗記したり、検定試験を受けるより、ずっと大事なことである。

大学教師としての六年間、六年分の授業を体験して、良い教師になるのはそれほど難しいことではないとわたしは感じている。本当の問題は、良い教師になることよりもずっと複雑である。授業をするということはそれだけではなく、学び、自分を整理し、自分を新たにする過程なのだ。ふと書き始めたこの「上課記」がなければ、これほどまであの若者たちをしっかりと観察することはなかっただろう。そして、彼らのシンプルで熱のこもった友情を得て、わたしもそれによって、その若い生命のピュアな清潔さと純粋さにたびたび触れ、感動することはなかっただろう。「上課記」を書き続けられたのは彼らのおかげだ。そんな若い生命との細やかなふれあいによって、これほど多くのものを目にし、記録することができたのだから。

実はわたしが目にし、ここに記録したものだけがすべてではないということにも、わたしは気づき始めた。わたしのような先輩に比べて、今の若者たちはずっとずっと複雑である。彼らは古代の中国詩人がそらぞらしく驚嘆してみせた蓮の花とは違う。あの子たちに身を穢すなと要求するのは無理だ。ただ、ほんの少しの純潔であっても、それを目にした者はそのことを必ず口にすること、それを本人ともっともっと多くの人たちに知ってもらうこと、それが今日においてとても重要なのだ。

わたしが彼らに話し、彼らもわたしに話をする。わたし自身はもう年を取ってしまい、長い間、外からの力にもみくちゃにされてきた人間だが、それでもまだ自分自身に感覚が残っていて、いまだに破壊はされてはいないと感じている。純粋な息遣いを絶えず潤いに変えてきたおかげだ。だから、彼らの間に立てていることは大変うれしく、ラッキーだと思う。

長い間、まさに熱い鉄を打つような時代だったあの「一九八〇年代」[5]以降、わたしは自分以外の人間に熱意と積極性をもって関わることはなかった。なのに自分から望んで、楽しみながら現実の「建設」に関わるうちに、授業に行くこと、それは彼らのそばに駆け寄って語り合うことなのだという思いに変わった。悲観的だった人間が今日そこまでなれたこと、それはわたしにとっての救いだった。若者たちが絶えず声をかけてくれ、一緒に過ごしてくれたおかげだ。

わたしと彼らはほとんどの場合において意見を同じくし、わたしたちの違いを乗り越えることができた。一緒に問題点を指摘してあざ笑い、えぐり出すとき、わたしたちはまったく同じ目線で同じ気分で徹底的にそれを楽しみ、一体になって第三者を口撃した。だが、理想主義を現実で実践するのは

（5）一九八〇年代：一九八九年六月に起きた天安門事件まっ最中に青春を過ごした、著者の若者時代を指す。一九八〇年代に中国政府が進めた改革開放政策で、若者は外来文化や自由思想に触れて開放感を熱狂的に味わった。著者は一九八二年に大学を卒業し、そのまま文学の世界で仕事を始めた。余談だが、天安門事件をきっかけに民主活動家となった故・劉暁波氏（一九五五–二〇一七、二〇一〇年ノーベル平和賞受賞）は著者の吉林大学時代のクラスメイトである。

大変なことであり、わたしにとっても彼らにとっても時間をかけて解決していくしかない難しさがあった。

わたしの最大の長所と短所は、わたしが彼らがこれからたどる道を歩んできたという点だ。わたしの失望感は彼らのそれよりもずっと現実的で深い。しかし、それでもまだ望みはあると言い続けたい。幸いなことに、純朴で温かい瞬間は自然に現れる。かつて教えた学生を仔細に観察してみると、一年生のときと四年生のときではまったく別人、というよりも、もう何回脱皮したのだろう、と思うほど大きな変化がある。彼らはその自然な成長において、独自の判断力を身につけたはずだ。だれが特に優れているというのではなく、現実こそ最高の教師であり、希望を紡いでくれる唯一の指導教員なのである。

授業が終わって学生たちと無駄話をしながらの下校途中、分かれ道で彼らと分かれて一人ぼっちになったとたん、激しい悲しみに襲われることがよくあった。それはまさに心の奥深くから湧いてくる悲しみだった。

彼らはわたしを避けることなく、彼らの話の聞き役にしてくれた。「某先生への密告役を務めるべき?」とか、奨学金配分の裏にある秘密や不正、学生団体のいんちき……そんなときわたしは自分の意見を、心にある思いを直接口にしない。一人の人間が一時的に自分の考えを留保しておくのはそれほど難しいことではない。だが、心と力を振りしぼってとうとう二時間の説教を終えたとき、聞き手が考えていること、言うこと、やることが、たった今の「布教」とまったく相反していたり、さらには彼らがその二者の差異や矛盾にまったく気がついていないことがある。授業でしゃべりまくり、喉がまだからからのときに、彼らがなんの遠慮もなく漏らしたほんの一言に複雑な心境になるのはあまり気分の良いことではなく、悲しくなってしまうこともある。分かっている、わたしには彼らを「抑え」つける力なんてありはしないことを。今、そして未来において、恐れず、利害に惑わされず、損得のそろばんをはじかないように仕向けることはできないことを。

情熱と鋭敏さが時代を引っ張る——中国の近現代史において大学生たちはずっと群衆たちを引っ張るエリートだとされてきた。切れ味鋭い精神のナイフだ、真の希望だ、と言われ続けてきた。今の大学生たちは、昨今の大学と呼ばれる人生ゲームの重要な一ページにぎゅっと押し込まれてしまっている。

世の人は彼らを純朴で無知な連中だと思っているが、仔細に一人ひとりを観察すると、実は彼らが大変複雑で、さまざまな夢想を抱え、早く成功を手に入れたいと本能的に求めていることが分かる。だが、その成功とやらはあまりにも難しく、彼らの能力を大きく上回っていて、現実が彼らにもたらすのは困惑や恐怖、萎縮、失意ばかり。小さなことならば問いかけたり、執拗に追い求めることはしても、大きなできごとになるとがまんしてそれに従うか、気持ちを押し殺してそれを受け入れ、そのことが長い間、心の中に忸怩たる思いを貯め続ける。それに抗うことができるのはほんの少数のみだ。

二〇一〇年に卒業して学校を離れ、今は北京で根無し草のようなフリーランスの映画人となった鄧伯超[6]は、同窓会でステージに突撃してかつての同級生たちに向かって口汚い言葉をばらまいた。わたしは授業で、人が生きるということは「前へ前へ、とにかく前へ」だけじゃないと教えてきた。わたしは彼らの中の少数派を大事に感じており、そんな人たちがどんなふうに壁にぶつかっていく卵のような人生を歩んでいくのかに関心を持っている。

自分の後ろを歩く人間を選ぶことができる人はいない。ただできるのは、未来の方向を自分自身の

(6) 鄧伯超：現インディペントドキュメンタリー映画監督、シネマトグラファー。

手でしっかり握ることだけなのである。

これらのささやかな記録は、どこかの学校のどの年度のだれかの記録というだけではなく、もっと多くの人たちがわたしたちの後ろに続く世代を理解するきっかけになれば、と願っている。高等教育におけるその他の点については、わたしは関わりたいとはまったく思っていないし、その能力もない。だれかが真実に基づいて「学校運営記」「エスカレーター式大学院進学記」「昇進記」「試験記」「評価記」「課題申請記」「論文指導記」を書いてくれればいいと思う。

教師はそれぞれに「上課記」が書けるはずだ。自由な執筆にはもともと制約や資格はないのだし。これはわたしの授業がどれほど素晴らしいものかということではなく、わたしがこの仕事にどれほどの思いと価値観を投じたかをまとめたものである。同様のことをしている教師はたくさんいる。ちょっと目を凝らせば、簡単にそんな彼らを見つけることができる。黙々と純粋に個人の資質と責任感で一人ひとりの学生に向き合い、敬虔な信者のように彼らを守り続けている者はいる。だが、彼らはそれを記録しておらず、また他者の記録にも残っていないのだ。二〇一〇年の「上課記」で学生の徐飛がわたしのノートに書き残した中学時代の教師、四川省眉山市仁寿県元通中学の呂淑英先生は詩に対する彼女の熱い思いをそれとは気づかないまま振り撒き、彼女を取り巻く子どもたちを薫陶した。これは成果や給料、進学率や先進性、競争といったものとはまったく無関係で、生きるためというレベルを完全に超越している。他者がそんな彼らのことを理解できなくても、その存在を消し去ることはできないのだ。

メディアやインターネットでよく耳にするのは批判であり、教師と学生がお互いに相手を責めたり、不平不満を言いつのる。教師というのは一生の職業だと一般に思われているが、彼らにとってそれらはまず、食い扶持なのだ。多くの人が三十年間同じ教材を読み上げ、同じ結論を繰り返し、いわゆる知識の伝授に専念し、授業終了のベルとともに姿を消して、二コマ分の役目を終える。だれにだって良識はあるはずだし、同時にだれにだって慣れというものがある。現実とはまさにわたしたち一人ひとりが作り上げているのであり、がっかりするような現状はわたしたち一人ひとりが作り上げた結果なのだ。

わたしたちが往々にして直面している困惑とは、わたしたちがあまりにも自分勝手で現実的で、あまりにも分かったつもりになりやすいから起こる。だれもが間違いを判断することはできる。しかし間違いに対して判断と取るべき姿勢をうっちゃり、疲労を理由に現状に身を委ねてしまい、積極的な推進者になってしまいがちだ。数え切れないほどの悲しみの中で、それほど悲しいことはない。

六年間の授業には多くのエネルギーを費やした。数カ月の授業期間はほぼ外部の執筆はせず、校外の活動もできるだけお断りし、時間を見つけてできるだけ多くの作文を読み、自分の心のうちを伝えようとする学生の話に耳を傾けた。大学教師は普通ここまでやらない。神経がすり減るし、そうしたところで一人の考えや力なんてあまりにも微弱であまりにも非現実的で、ほんのちょっとの変化を期待することすら妄想なのだという思いが強くなるばかりだからだ。だが、それでもその中に身を投じようとする衝動は冷めやらず、わたしはただそれに従った。ここ数日も、すでに新しいノートを二冊用意して、表紙にそれぞれ「二〇一一年の詩の授業」と「二〇一一年の記録」と書きこみ、秋に始まる授業で学生たちへの推薦本を揃えて、すべての準備を整えたところだ。

今日このとき、自分を正直者だと信じる人間はなにかせずにはいられない。ただ手をこまねいてそれが滅びていくのを待つわけにはいかない。多くの人たちがちらりと眺めるだけで、わたしがやっていることを「なんの意義もない」「とるに足りない」、さらには「飛んで火に入る夏の虫だ」と見なそうとも。完全に無駄骨に終わるとしても、その無駄骨を始める必要を感じている。

二〇一一年七月二十二日

第一章　わたしが彼らにしてあげられること——二〇〇六年度講義

二〇〇六年は大学で教えるようになって二年目にあたる。

最初の授業の教室に入った。冷たい光を放つ蛍光灯が並び、扇風機(1)が狂ったように首を振る中、教室いっぱいの見知らぬ顔がわたしを見つめていた。すぐに彼らに向かって口を開かなければならないのだが、とうとうと途切れることなくしゃべるのはなんとなく気が引けた。わたしは新しい学期の前にはいつも数日かけてこの拒絶反応を克服しなければならなかった。今はもう理解できている。人が最も恐れるけれどもまた最も大事なのは時間であり、時間は春に雪を解かすようにわたしと彼らを結びつけてくれるのだと。

その前年にはたくさん興味深い思い出が生まれたが記録に残しておらず、あとになってもったいないことをしたと後悔した。そのどれもがほんのささいなできごとばかりだ。二〇〇五年の十二月最初の授業では、江蘇省出身の鐘科が高校時代の「詩的な」話をみんなにしてくれた。

それは、あるとてもつまらない数学の授業のこと。教えていたのは年のいった教師で、学生たちは船を漕いでいた。突然だれかが、雪だ、とつぶやいた。すると教室中、その数学教師も含めてみなが「息を吹き返し」て、窓に殺到して満天の雪を眺めた。教室はしーんと静まり返った……鐘科がそこ

(1) 扇風機：海南島は中国最南端の亜熱帯に位置しており、新年度が始まる九月の平均気温は三〇度にもなる。

まで語ったとき、わたしたちの教室も異様な静けさに包まれた。その様子はまるで、わたしたちの教室にも雪が降り出したかのようだった。

もう一つの思い出も二〇〇五年のことだ。その学期が終わると、王宇瓊が一年間の休学を申し出た。もう一度電影学院[2]を受験するために勉強したいからという。彼女と二回話し合った。なにを話したか今はもう覚えていないが、その後彼女からの音信は途絶えた。

二〇〇五年は学生たちに計十一回作文を書かせた。それにわたしが手を入れて、しばらく手元に置いていたのだが、学期末にそれぞれに返してしまった。彼らがなにを書いたのか、そしてわたしがなにを書いて返したのか、記録が残っていない。

日常の身辺で起こる些細なことのほとんどは無意識に忘れ去られていく。だから、二〇〇六年の秋に始まった新学期では、興味深いことに注目して簡単な記録を残すことにした。

二〇〇六年入学の学生たちは今この瞬間にはもう、この海洋に浮かぶ島の大学を離れてしまっている。先のちびたペンで字を書く男子学生は雲南出身だったが、その後連絡がない。余青娥は三亜市[3]で勤めをしていて、ときどきメッセージを送ってくる。

衛然はわたしが連載エッセイで彼女のことを書かなかったことで、学期末になって「なぜなの」と大きな声でわたしに詰め寄った。彼女の父親はわたしと同じ吉林大学文学部の卒業生で、わたしの二年下だった。だから、衛然はいつもわたしに遠慮がなかった。わたしの携帯電話を、「せんせいの携帯、ダッさー」と言ったのも彼女だ。その後、わたしはよく学生たちにこの話をするとき、「ダサいってことはおしゃれなのよ」と言うようになった。

衛然は今、大学院の二年目だ。彼女は大学院の面接試験を終えて会場を出るとすぐにわたしにメッセージを寄こして、面接で「詩意とはなにか」と尋ねられ、わたしが授業で教えた「わたしの愛は鋭い針先の蜂蜜のようなもの」と答えたと言った。彼女はその答えに大変満足していたようだ。わたしの七年間の教師生活で、「役に立った」と直接言われた唯一のケースである。

雷成虎は一年後に大学の食堂で会ったとき、将来は大学院に進むつもりだと言っていた。今、どこにいるのだろう。

鄧伯超はあのクラスで最も有名になった。彼が撮ったドキュメンタリー映画「余光之下」は二〇一一年九月十八日、第二回北京新青年映像年度展で「人道主義大賞」を受賞した。農家出身の子が自分の頭を使って考え、壁にぶつかり、そこから自分の未来を「ぶち開けた」といえるだろう。二〇一一年の夏、わたしは鄧伯超を深圳の圓筒アートセンターで行われた映画祭に推薦した。アートセンター責任者の馮宇は彼のことを「なんて頑固な学生なんだ」と言った。わたしは頑固な人間が好きだ。おべっかをつかったりへつらう人間を直感的に拒んで遠ざける。

二〇〇五年や二〇〇六年は、すべての大学生が携帯電話を持っていたわけではなかった。経済的に恵まれた家庭の子が入学時に買い求めていたくらいだ。それがあっというまに、携帯電話を持っていない大学生なんて不可思議な存在になってしまったのだが。

見上げる目

九月二十三日、最初の授業。教室に座り、こちらを見上げている目を見つめた。前年わたしが受け

(2)電影学院：中国における映画やドラマ関連の最高峰である北京電影学院のこと。著者が教えていたのは海南大学人文メディア学院の演劇・映画・テレビ・文学専攻で、脚本家や舞台作家などを育てることを目的としている。
(3)三亜市：この大学がある海口に次いで、海南省第二の都市。

持ったのは三十四人だったが、この年は四十二人。全員一年生だ（後に男子一人、女子一人の二人が転入してきた）。彼らは大人としては最も澄んだ目をしている。もし大学の本科生を受け持ちたいか、それとも大学院生がいいかと問われたら、わたしは迷うことなく新入生を選ぶ。彼らはまだピュアだし、教えがいがある。

以前、高校三年生になったばかりの子が自分のクラスで起こった「爆笑」話とやらをしてくれたことがある。

教師が尋ねた。「十歳までのキミは、なにを知ってたのかね？」

学生が立ち上がって答えた。「なにも知りませんでした」

教師がまた尋ねた。「今は？」

学生が答えた。「なんでも知ってます！」

教室内がどっと湧き、学生たちは机を叩き、足を踏み鳴らして爆笑した。

今ここで、いわゆる高等教育の場に足を踏み入れたばかりの子どもたちは、目にまだ十歳のようになにも知らない者が持つ澄んだ輝きを放っている。わたしは彼らになにを与えるべきだろう。そして教室中からわたしに注がれる、水分をたっぷり含んだ視線に応えることができるだろうか。

農村出身の若者たち

最初の授業で、わたしは十六の省からやってきた学生たちの名簿を受け取った。これまでもやってきたように、彼らに県城[4]よりも小さな村からやってきた人はどれだけいるのかしらと尋ねた。教壇の下で二十人あまりの手が挙がった。半分以上だ。

続けて、学費を両親の農作業、つまり出稼ぎなどではなくて土を通じてまかなっている人はどれくらいかと尋ねた。今度は約十人ほどが手を挙げた。とうもろこしやじゃがいも、水稲や麦を植え付けて得たほんのわずかな収入が、この十人の子供たちを、スケートボードで遊んだり、教室でＭＰ３プレーヤーを楽しんだりする学生と机を並べさせている。彼ら自身はそれをどう感じているのだろう？

後になって学級委員が教えてくれた。わたしが教えているあのクラスには、月あたりの家庭収入が一〇〇〇元（当時のレートで[5]約一万四七〇〇円）以上の子が十一人、クラス全体の二五％を占めている。そのうち、月四〇〇〇元（約五万八七〇〇円）以上の家庭の子は四人いた。残りの七五％は純粋に農耕、あるいは出稼ぎの収入で学費がまかなわれていた。

ある湖南省から来た女子学生は、両親がともに広東省の工場で働いており、プラスチックフラワーを作っているという。大学にやってくる前、彼女は両親が暮らす街で短期間のアルバイトをした。小学校しかいっていない母親は自分が作る花を「美国花《めいぐおほあー》」（「アメリカン・フラワー」）と呼んでいた。詳しく尋ねてみて初めて、母親がずっと「玫瑰花《めいぐいほあー》」（バラ）のことを「美国花」と呼んでいたことが分かった。母はバラがどんな形をしているのかを知らず、自分が毎日作っているのは「アメリカン・フラワー」だと信じていたのだった。

（4）県城：県の中心となる役所の所在地。中国の地方行政区分では「国－省－市（－県）－区－郷－鎮－村－屯」という配置になっている。

（5）日本円換算は出来るだけ、当時のレートとした。以下同。

インク切れのペン

雲南省からやってきたその学生は、自分の作文を提出するとき他人の下に挟み込んだ。彼が提出した紙を見つけ出したが、字があまりにも読みづらい。一つひとつの字はそこに書かれているのではなく、力の限りにそこに彫りつけられていた。インクの跡はほとんどなく、きちんと読み取るのに大変骨が折れた。

彼の作文の躍動感ある段落を学生たちに読み聞かせようとしたが、流暢に読み上げることができず、つっかえては筆跡を追った。残念だったわ、文字がはっきりしなかったから、と彼にペンを一本手渡した。終業のベルが鳴ると、彼がペンを返しに来た。それはあなたにあげたのよ、と言うと、彼は礼を言った。

学生たちが言うには、新学期が始まってからずっと、彼は文字が書けない安ボールペンを使い続けているという。

ある授業で、年老いた農民が一人、故郷を離れて都市に出稼ぎに行く話をした。彼は老妻に都市を見せてやろうとはせず、四川の田舎で彼のためにタバコを植えて、毎年春節後[6]に村から都市に戻る際、自分に自家製タバコを十キロ持たせるよう言いつけた。そこで、老人が自慢げにタバコを巻く姿をわ[7]たしが形容したとき、雲南からやってきたその男子学生が身体をのけぞらせて笑い始め、最後は額を机にぶつけながら大笑いしていた。なにがそんなにおかしいの？　と尋ねようとしつつ、忘れてしまっていた。

ただ、わたしはうれしかった。この雲南の学生は明るくていつも楽しげだったからだ。その後、彼は別の男子学生たちと一緒に学校近くのホテルで夜間警備員の仕事を見つけた。夜の授業がない学生が交代で当直するという。ホテルが出した要求は一つ、当直当番は本を持ち込んではならないということだった。両者は契約を結び、学生一人あたり毎月一五〇元（約二二〇〇円）を稼ぐことができた。

授業と同時進行で起こっていること

ある休憩時間に、一人の女子学生がわたしのところにやってきて、授業で取り上げたある学生の作文を激賞した。「その感想を本人に伝えてあげなさいよ」と言うと、「授業中に伝えました」と応えた。わたしはいぶかしく思った。二人の席は並んでなかったのに？　すると女子学生が携帯を取り出して言った。「メッセージで送ったもん」。

はっとした。表面的には普通の静かな教室で、教壇で一人がぺらぺらしゃべり続け、びっしりと席を埋める学生たちがそれを聞いている光景は、ときには詰め込み教育の典型である。その静けさの中で、どれだけの携帯メッセージがバーチャルな空間をこっそりと飛び交っているのか、得意満面の教師は気づいていないのである。

わたしは好奇心をそそられた。それって密やかで最も生き生きした世界だわ。そして尋ねた。一コマの授業中にクラスメイトたちが送り合ったメッセージをすべて集めることはできないものかしら？　学生は、ちょっと無理かもと言った。プライバシーに関わるからみんな嫌がるでしょう。

(6) 春節：都会に出稼ぎに出ている農民労働者にとって一年間で唯一の長期休暇。この時期に自宅に戻り、ゆったりと過ごす習慣がある。
(7) タバコを巻く：タバコ農家では、収穫して乾燥させた煙草の葉を刻み、紙に包んで吸う。

もしそこで飛び交ういろんな言葉を全部捕獲できたら、それって一番リアルで生き生きした民間の言葉のはずなんだけどな。

雷成虎の故郷

授業が終わっての帰り道、雷成虎が追いかけてきた。背が低く、痩せっぽちな雷成虎が言った。「せんせい、ぼくの故郷は本当に貧しいんだ。できれば、ぼくのいなかに遊びに来てほしいんだけど」。わたしは尋ねた。彼はなぜそんなことを聞いてきたんだろう。わたしが貧しさを嫌っているとでも？　わたしがあなたの故郷を疎むと思ったの？　故郷はどこ？　陝西省だと言う。陝西のどこ？　漢中。「なぜ、わたしがあなたの故郷を疎むと思ったの？」ときくと、彼は答えた。「バスが走ってなくて、山道を数時間歩かなくちゃならないから」。

雷成虎はもともと、わたしが教える演劇・映画・テレビ・文学専攻(8)を志望したわけではなかった。経済を学びたかったのにこの専攻に回されたのだ(9)。彼は学習委員だったのに最初の授業を休んだ。他の学科に「編入」するために走り回っていたそうだ。二回目の授業の時に、結果はどうだった？　と尋ねたら、「だめだった」と答えた。理由を尋ねると顔がさっと暗く不機嫌になり、「権力もカネもないからどうしようもない！」と口を尖らせた。まるでどこかの中年のような口ぶりだった。この十八歳は一筋縄ではいかない世界を経験してしまったようだった。わたしは心の中で、陝西省漢中の農村なら貴州省や寧夏自治区のへんぴな土地よりも良いはずだわと考えた。だが、わたしは彼の故郷に行ったことがないのだから、なんの根拠もない想像でしかなかったのだが。

故郷に招待したいと言ったきり、わたしも雷成虎もだまってしまった。ただただ、下校する人たちの波の中を足早に、女子学生たちの日傘を身体をくねらせて避けながら歩いた。彼はすぐにコンピュータの教科書を手に別の校舎に入って行き、わたしはそのまま帰宅した。

そのときわたしは、いつか雷成虎の家を訪ねなきゃ、と考えていた。

それからほどなくして学生寮で彼を見かけて声をかけようとしたら、彼は慌てふためいて壁に張り付いてそのまま逃げてしまった。まるで怯えたモグラのように。

三回目の作文で、だれかひとりの人物について書かせた。彼の作文はとてもぞんざいに三行だけ、合計百字にも満たない文字が書かれていた。母親についての作文だったが、彼が適当に書いたのが見てとれた。次の授業の前にその紙を手に彼を問いただした。彼はなにも言わず、紙を受け取るとポケットの中にねじ込み、書き直すとは言ったものの、その後なにも提出してこなかった。

その後の授業で、四川省の貧しい村出身の学生が数年間に四つの偽名を使い、五回浪人して、大学の入学許可証を六つも手に入れたのに、そのコースを終えないうちにまた大学入学試験を受け直したという話をした。授業が終わってから雷成虎が一人、教壇の前に立ち、その記事が掲載されている新聞を眺めていた。他の学生がそれを読もうとして近づいてくると彼はさっと身を翻し、教室の最後尾の隅に行って縮こまった。

十月末の夜、授業に行こうとして校舎に入ると、教室入口の暗がりに壁に持たれかけてぽつんと立っている彼の姿が目に入った。なにか思い悩んでいるようで落ち着きがなく、わたしを見ると、片手をあごに当てて「歯が痛いんで授業を休ませてください」と言う。「病院で診てもらったの？」と

(8) 演劇・映画・テレビ・文学専攻：将来は舞台や映画、テレビ関連で働く人たちの専門課程である。
(9) 専攻に回された：中国の大学入試において、学生はまず進学希望専攻を提出するものの、成績順に学部、専門に振り分けられ、その際希望もしていなかった学部や専攻に振り分けられるケースがよくある。人気の高い経済や金融などは激戦区で、入試得点の高い学生が優先されるためだ。

尋ねると、行っていないと言う。「ばい菌でも入ったんじゃないの、病院に行きなさい」と言うと、あからさまに心そこにあらずといったようすでうなずいて、慌ただしくその場を去っていった。くるりと身体を翻した彼の姿は、せいせいした、といいたげだった。わたしは思った。彼は病院に行ったわけではないだろう、いや歯が痛いなんてそれほど大げさなことじゃなく、ただ授業に出たくないための言い訳だろうと。それからしばらく、彼は授業に姿を現さなかった。

一度は教室の一番最後尾の席にじっと座り、ずっと頭を垂れてなにかに没頭していた。終業のベルが鳴ると、彼が教室の入口を塞ぎ、クラスメイトに向かってもごもごむにゃむにゃとなにか言った。彼の声は特別小さく、学級委員が机を叩いてみなを静かにさせた。わたしが教室を離れかけた時、雷成虎の声が耳に入った。自分は学習委員に向いてないし、新学期が始まってみんなのためになにもできていないので辞めたいんだ、ごめん……

その後また彼は姿を消した。同級生に尋ねると、口々に彼は退学したと言った。でも彼はまだ学内にいて、寮で暮らしているという人もいた。わたしは尋ねた。彼は毎日なにをしてるの？　彼と同じ寮に暮らす学生が言った。彼はだれともしゃべらないから、なにをしているのか分からない、と。

そうして、わたしは雷成虎の故郷を訪ねるチャンスを失ってしまった。

温かさ

今日の補習授業は臨時に二号棟の小さな教室に変更になった。

ここに足を踏み入れたとたん、わくわくした。その教室は古ぼけていて窮屈な感じではあったが、そのぶん人と人の距離が近かった。

「隙間のない親密さ」という言葉がぴったりだ。わたしは言った。今日はラッキーだわ、この教室は素敵、わたしたち、大きな家族みたいだわ。すると、学生たちが笑った。今日は寒かったので始業のベルが鳴って学生が立ち上がって教室前後のドアを閉めると、教室内はぎゅっと密封されたようになった。

授業は時間がまだ残っているのに、わたしが準備した内容が終わってしまい、短い詩を読んで聞かせることにした。読んだのは麦豆[10]の『荷』である。

遠遠地看見你落水　　遠くできみが水に落ちるのを見た
没来得及呼喊　　声をかけようとしたが間に合わなかった

留下一件緑色有香想起的旗袍　　残ったのは緑色のよい香りのするチャイナドレス

八月中秋、鬧市街頭　　八月の中秋、にぎやかな街角
我遇見一位桂花飄香的女子　　ぼくはモクセイの香りを漂わす女性に出会った
臂掛菜籃、肌膚雪白　　肩に野菜のかごをかけ、真っ白な雪の肌をしたひと

彼らはじっと落ち着いて聞いていた。そして黙りこくっていた。わたしは余計な解説をしないまま授業を終えた。授業の後で、三人の学生から電子メールが届き、開いてみるとそれぞれ彼ら自身が書

（10）麦豆：現代詩人。一九八二年生まれ。この『荷』（ハス）は彼の代表作品の一つ。

いた詩が添えられていた。

素敵だわ、だれも麦豆の『荷』の解説を求めなかった。そのことがわたしにとって一番うれしかった。正しいとか間違ってるとか、ああだこうだなんて必要ない。今日あの教室にあたったのと同じように、そこには理由なんてないの。

もちろんわたしには分かっている。あの四十四人の学生のうち三分の一は、学校に通っている間、両親と一緒に暮らせなかったことを。両親はお金を稼ぎによそへ行っていたのだ。彼らには小さな教室の温かさが必要なのだ。

「古惑仔」

総合大学で演劇・映画・ドラマ・文学を専攻するのだから、どんな映画を好きなのかそれぞれおしえてちょうだい、と新入生に言った。

鄧くんが立ち上がり、一番好きな映画は香港の「古惑仔」[11]だと言った。彼が着席しないうちに教室がどよめいた。もし「タイタニック」だとか「覇王別姫」[12]などの名前が上がれば、教室内は落ち着いていたはずだった。四川省の田舎からやってきた鄧くんが、なんの「芸術性」もない「古惑仔」をここで上げるとは思っていなかったのだ。

彼は少しも慌てず、また着席もせず、くるりと振り返って教室の後ろに向かって（彼はいつも教室の一番前の席に座るからだ）、言った。「そうさ、「古惑仔」だよ。あの映画はぼくの故郷で若者世代にものすごい影響を与えたんだ。古惑仔はぼくらに人としての義理堅さと、恥を忍んで重責に耐えることの重要性を教えてくれたんだ」。彼は理由を論じてから着席したが、教室の中にはまだくすくす声が響いていた。

入学したばかりの頃、さまざまな学生サークルが新入会員を募っていた。鄧くんはストリートダンスサークルに申し込んだ。二五〇元（約三八〇〇円）の入会費を求められて戸惑ったが言われるがままに支払った。彼は気づいていた。その二五〇元を払えば、ご飯を食べるにも事欠くことになることを。ストリートダンスは、お金に余裕のある家庭の学生だけが楽しめるものだった。入学したての新入生はまだそこまで考えが及ばず、高校時代のクラブ活動みたいなもので、無料で参加できると思っていたのだ。後で彼はお金を返してもらい、サークルを脱退したそうだ。ストリートダンスは大好きだったのだけれども。

休暇直前にふと彼に尋ねた。春節は家に帰るの？　彼は言った。大学の四年間は家に帰るつもりはない、と。驚いて理由を尋ねた。すると、彼は入学前に家族にもそう伝えてきたと言う。大学を卒業してきちんと仕事を見つけてから帰るつもりだそうだ。「大学に通っている間は、親に学費や生活費は払ってもらうつもりはない。全部自分でまかなうから」、それも家を離れる前に伝えておいたという。

「じゃあ、どうやってこれから四年間の費用を捻出するの？」と尋ねると、「自分には自分のやり方がある。努力を惜しまず、報酬にこだわらず、すべてのチャンスに食らいつけばいいんです」と答え

(11)「古惑仔」：香港で人気の若い極道を描いたオリジナルマンガを原作にした映画で、一九九六年に公開されて大ヒットした。その後十七本の続編や番外編が製作された人気シリーズとなった。「古惑仔」とは広東語表現で「不良青年」を意味するが、この作品の大ヒットで中華圏全体で知られる言葉になった。
(12)「覇王別姫」：著名監督陳凱歌が一九九三年に発表した大ヒット作品。中国の張豊毅、香港の張国栄（レスリー・チャン）、女優鞏俐（コン・リー）ら主演で、京劇俳優の世界を舞台にホモセクシュアルを描いて話題になった。

た。先日、学校の掲示板で、休日を使って開かれる、さまざまな珍しい外国語の補習授業の生徒募集ポスターを目にした。その連絡先はすべて彼の名前になっていた。

二メートル先の卵

あの朝七時二十分、授業に向かった。道を歩いているのはすべてわたしと同じ教学棟のほうへ向かう学生ばかりだった。わたしのそばをジーンズを履いた女子学生が足早に通り過ぎた。手にはビニール袋を持ち、なにかをそこから取り出そうと手を突っ込んでいた。袋が薄すぎたのだろう、ばらっと中身がすべて道に飛び散った。彼女が一瞬足を止め、豆乳のパックを拾い上げたとき、卵が一個ゆっくりと地面を転がり、二メートル先のところで止まった。彼女はその卵から目を離し、なにごともなかったように前に向かって歩き続けた。卵は完全に潰れていたわけではなかったけれど、彼女は無視することに決めたようだった。たぶん、身体を曲げて卵を拾い上げる姿がみっともないと感じたのだろう。

教室に入ってから学生たちにその話をした。母鶏を育てるのは容易なことじゃないはず、母鶏が卵一個を生むのだって容易じゃないでしょう？　彼らはただ笑うだけだった。彼らはどう思ったのだろう。

余青娥の作文

まるまる一学期の最後の授業が終わったころ、わたしはやっとその余青娥という名前の学生と言葉を交わした。最初の一カ月、わたしはどの子が余青娥なのか知らなかった。そのクラスに彼女はまるで存在しないかのように、授業の時はいつもうつむいていた。しかし、二回目の作文のとき、余青娥という署名の文章がとてもうまいことに気がついた。生活それ自体の細かいできごとが生き生きと、たくさん盛り込まれていた。

学期最後の授業が終わり、わたしは彼女のほうに歩いていった。彼女はいつも窓際の席に座っていて、授業の時に彼女のいるあたりまで注意を向けようとするとわたしは身体を無理やりひねらなければならなかった。彼女の顔はいつも窓の外に向けられていて、まるで授業を抜け出して外の木々を楽しみたがっているように見えた。

ねぇ、余青娥さん、あなたがこの学期に書いた作文六本をプリントアウトして、わたしに送ってくれないかしら？　この六本よ、印をつけておいたわ。

彼女はさっと顔を赤らめて、緊張した様子で、頭を持ち上げたかと思うとまたうつむいてしまった。彼女がノートを開くと、その最後の一ページにいつのまにかわたしの電話番号とアドレスがメモされていた。彼女は尋ねた。これですよね？　わたしはそうだと答えた。彼女はうなずくだけで、わたしを見ようとはしなかった。

再び彼女が頭をあげたその瞬間、わたしは彼女の目と表情に幸せが満ち溢れていたのを見た。あら、わたしも他人を幸せにしてあげられるんだわ。

余青娥の興奮をわたしは目にした。でも、わたしの興奮には彼女は少しも気づいていなかった。

二〇〇七年一月　海南島にて

第二章　一番大事なのは心を込めること——二〇〇七年度講義

二〇〇七年はあまり良い授業ができなかった。まず学生の数が突然、倍近くに増えたと聞かされた[1]ことに起因する。そんなに多くの学生のことを全部覚えられるわけがないと感じ、それが心に暗示をかけてしまった。授業が始まってからも切り替えられず、時間に追われるように授業が進んでいった。それじゃダメだと感じてはいたものの、どうやってそれを挽回すべきなのか分からなかった。そのチャンスは、まるで運命の定めのようにやってきた。二〇一〇年にまたこのクラスを受け持って、三年の時間を隔てて改めて彼らを理解することができたのだ。

中国には「秉性」（気質）という言葉がある。このクラスの学生たちに、わたしはこの「秉性」を見た。三年前の印象そのままに、器用だった子は器用なまま、目立っていた子は目立ったまま、実直だった子は実直さをそのまま体現していた。

二〇〇七年の授業は満足できなかったばかりではなく、大変骨が折れた。「アンプラグド」にこだわってマイクを使わずに声を張り上げて授業をした。倍になった作文の数にも押しつぶされそうになった。一本一本をきちんと見ようと思うと、作文実習の回数を減らすしかなく、その後数年間ずっと作文の回数を減らし続けた。学年の違う院生を抱えている大学教授は、学生たち同士で作文の批評

（1）学生の数が突然、倍近くに増えた：大学が募集枠を増やした結果。二〇〇〇年代の中国の大学は増員を続けており、特にテレビや映画関連の学部は人気急上昇だった。

をやらせると言った。教授が手を抜いているのではなく、そうすることで学生たちの間の意見交換をスムーズにさせることができるのだという。

わたしはこれまでずっと大げさな言い回しというものを批判してきたが、「南方週末」[2]に掲載された「大学に進学した娘はなぜ吸血鬼になったのか」[3]というタイトルの記事を読み聞かせたとき、教室内は強烈な反応を見せた。文中で上がる数字を読み上げるたびにどよめきが起こり、わいわいがやがやと意見が飛び交った。まるで自分たちがその「吸血鬼少女」の親であるかのように。

二〇〇七年の授業が半分終わった頃、調整が必要だと感じつつその方法を探し求めていたものの、これといった効果的なものが見つからないままだった。それが二〇〇九年になって初めて、授業でなにをしゃべるのかを事前にきちんと組み立てておくことは当然重要ではあるものの、最も重要なことではないということに気がついた。教師が学生に人と人の最も普遍的で素朴な、また真摯な心を見せることが重要なのであり、人文学科の授業において教える者が心を込めないのであれば、授業が良くなるはずもない。

この二〇〇七年の授業ではニュースというトピックを導入して、以来ずっとそのスタイルを続けた。それは偶然の、あるできごとがきっかけだった。

ここでは詳しく書かなかったが、授業には出ないくせにわざわざ教室の入口で待っていて、終業のベルが鳴ると教室に入ってきて教師と親しげに言葉を交わして点数を稼ごうとした女子学生がいた。出ていく人たちの波に逆らって教室に入ってこようとしながら、わたしを見てにっこりと笑顔を浮かべる彼女を見て、ご苦労なことね、と思っていた。だが、わたしは矛盾を感じていた。「頭は良い、要領も良い。中国社会はまさに人情社会だわね」。

八十人の学生たち

教務主任が言った。「今年の演劇・映画・テレビ・文学専攻の新入生は合計八十人、クラスは二つになります」。

それを聞いて跳び上がった。そんなにたくさん！　それからほどなくその彼らがわたしの目の前に静かに並んで座っていた。わたしは授業を夜に持った。[4]今の子たちは夜に一番思考が活発になるはずだからだ。

青白い蛍光灯の下で、軍事教練[5]で真っ黒になった八十個の顔が並んでいた。それらの若く、また見慣れぬ顔からは、教室中の見知らぬ者同士が初めてそこで向き合う、疎遠さ、距離感、壁が感じられた。「八十人に向かってるんだからマイクを使えばいいのに、声を張り上げなくても」と言ってくれた人もいたが、わたしは「電気」を帯びた声が大嫌いだった。彼らに対してこう言っておいた。わたし

(2)「南方週末」：広東省広州市で発行されている週刊新聞。当時、長編の取材記事で全国的に高い人気を誇り、本著の原作「上課記」も同紙に連載された。

(3)「大学に進学した娘はなぜ吸血鬼になったのか」：原題「考上大学的女児、咋就変成了吸血鬼」。地方都市出身の父親が、大学に入った娘からビデオ機能のついた携帯やＰＣ、新しいメガネを買うなどあれこれと理由をつけてはお金をせびり取られていると訴える投書で、経済成長を背景に物質欲が渦巻く当時の大学生活に疑問を呈して、大反響を引き起こした。

(4)授業を夜に持った。：中国の大学生はほとんどが寮生活なので、昼だけではなく、夜にもカリキュラムが組まれる。

(5)軍事教練：中国の大学は入学するとまず軍事教練が強制的に行われることになっている。一九八九年の天安門事件以降にカリキュラム化された。

は歩き回りながら授業をするわ、と。この学期のわたしは、「移動歩哨」になるしかなかった。

クラスは八十人、授業はわずか三カ月で(6)そんなにたくさんの名前を覚えられるわけがない。この潜在意識がわたしを不快にした。結果、学期末に顔を見てわたしが名前を言えたのは、うち約十数人のみ。しかし、若い顔ぶれは次第に親しげな、身近で、生き生きとした表情に変わっていった。

彼らにはみな落ち着きがあった。一番前の学生は教壇から二メートルも離れていないところに座っていた。彼ら一人ひとりがこの国の青年知識人の一員であり、また農民の子女はその半分を超えていた。

教室から宿舎に帰る途中、大昔に読んだ小説のタイトルをふと思い出した。それは「新児女英雄伝(7)」だった。

専攻

彼らに尋ねた。この専攻は好き?

答えは鈍かった。これまでの二年間の新入生と同じく、二〇〇七年入学の学生たちのうち、自らこの専攻を選んだのは約一〇%程度。残りはみな他の志望から振り分けられてきた子で、彼らはこの専攻になにひとつ予備知識がなく、失望し、深く悩んでいる子もいた。共通入試であともうちょっと高い点を取っていれば、人気の専門である経済や法律、あるいは英語学科に行けたかもしれない、と。

八十人は合計二十一の省や自治区の出身者で、農村出身者が都市を上回っていた。農村出身学生の家庭は多くが貧しく、そのうち、両親が農地で働いて生活している者が三分の一、一年中両親が別の街で働いているという者もさらに三分の一を占めていた。

学生の七〇%が映画館に入ったことがないという。八十人中、劇場に入ったことがある者はわずか二人。もちろんオペラや現代劇を観に行ったわけではなく、観たのは伝統地方劇(8)だった。映画とテレビドラマの違いが分かっていない学生がほとんどだった。ある子が立ち上がって、「自分が好きなテレビドラマは「衝出亞馬遜(9)」だ」と言ったら、だれかが座ったまま「あれは映画だよ」と訂正した。少なくない学生が、テレビを通じて観ているドラマものはすべてテレビドラマなのだと信じていた。

今は現代的なメディアが最も発達している時代だといわれる。わたしが見たところ、学生たちはそれぞれの手に携帯電話を握って離さず、時々学校の外のネットカフェでQQ(10)にアクセスしてチャットを楽しんでいた。しかし、彼らは日増しに便利になっていくインターネットの情報や紙のメディアにはほぼなんの関心も示していなかった。

わたしは言った。あなたがたは自分が農村出身だからといって、世間をあまり知らないからと自分を卑下する必要はないのよ、と。あなたがたはまだ気がついていないだろうけれど、あなたがたの農

(6)三カ月：一学期という意味。筆者が担当する授業は毎年一学期だけの集中授業。
(7)「新児女英雄傳」：抗日戦争時代に共産党に集った若者を描いた小説。貧しく文字も読めなくても祖国のために戦うという目をきらきらさせた若者たちを描いた作品で、その後テレビドラマ化された。
(8)伝統地方劇：中国には各地に伝統オペラがある。たとえば、北京で発展したオペラは京劇と呼ばれ、江蘇省を発祥とする崑劇、東南部で歌い継がれた越劇、河南省で発達した豫劇など大まかに分けて五大演劇のほかに、さらに細かく各地で細分化した。
(9)「衝出亞馬遜」：タイトルを訳すと「アマゾンから飛び出せ」。二〇〇二年、中国八一電影廠作。中国の軍人二人がベネズエラの反テロリズム学校で訓練を受けた実話をもとに描く。
(10)QQ：中国のIT企業「騰訊 Tencent」(以下、テンセント)が一九九九年に開発したチャットソフトで、二〇一九年時点でも広く使われており、アクティブユーザー数は世界最大。

村での体験すべてがあなたの宝物であり、そこにあなた独自の発見があって、あなたが作り出せるすべてのストーリーと詩意があり、それがあなたのものである限り、他人には作り出せないものなのよ、と。

明らかに、彼らはそれに納得していなかった。ふっとうつむいて、携帯電話に目を注いでいた。彼らにとっていま最も喫緊なことは、自分の身にしみついた「泥臭さ」をすべて洗い流すことだったのだから。彼らはたとえ、生まれがどんなに辺鄙な貧しい農村であってもそこでは「知識人」として扱われてきた。小さいときからずっと農民に「学生さん」と呼ばれ、耕作労働をさせられることはほとんどなく、春の種まきや秋の収穫をした経験もなく、田畑の干害や水害を心配することもなく、自分の村を理解しようという興味もなく、早いところ大都市へと歩み出し、今ふうの新しい生活を楽しみたいと、心待ちにしていた。

授業で発言した何人かの学生の言葉には、海口[11]というこの中央[12]から遠く離れた地方都市への失望が滲んでいた。まったく泥臭いところだなぁ。

ある学生は言った。このちっともおしゃれじゃない街で、こんなおしゃれな専攻を学ぶなんて、まったくお笑い草ですよ。

ある時は男子学生の一人が早足で近づいてこう尋ねた。せんせい、教材のプリントは配らないんですか？

この授業には教材はないわ、必要ないの。わたしは言った。

その男子学生は一瞬とまどった表情を浮かべ、そして教室を出ていった。

出どころ不明の優越感

学生が二人、別々にわたしのところまでやってきて言った。せんせい、あたし中学校のときから文学が大好きなんです。

どちらも自分で本を書くつもりだと言った。一人はすでに書き始めていると言った。すぐに、彼らにはちょっと他の子とは違う独りよがりなところがあることに気がついた。

学期が半分終わっても、彼らとの間になんともいえない距離感を感じていた。普通なら、わたしは文学が好きな子にはとても関心を持つはずで、彼らとの関係は親密になってもおかしくなかったのに、まったく逆だった。わたしはいつもこの二人の学生からなんとも言えないうぬぼれを、彼らが自分は普通の同級生とは違うのだといった優越感を漂わせていると感じていた。彼らが提出する作文はどこか浮ついていて、空っぽの情緒を撒き散らしているだけで、美辞麗句を振り回すほかは別の子たちと比べてたいして飛び抜けたところはなかった。

文学って身にまとうための美しいドレスのようなものだと思ってるの？　わたしは彼らに本を書き始めたかどうか、二度と尋ねなかった。

見知らぬロミオとジュリエット

今日の作文の課題は、ロシアの画家シャガールの作品「街の上で」を題材にして短い文章を書くと

(11) 海口：海南大学がある海南省の中心都市。
(12) 中央：首都北京のこと。北京から海口までの距離は約三〇〇〇キロ。

いうものだった。

最初に言っておいた。「ロミオだのジュリエットだの、なんて話は書かないでね、古典的でロマンチックかもしれないけど、外国人のことなんてあなたたちは知らないんだから。自分自身の身近な人とその話を書いてちょうだい」と。

結果、作文はほぼむちゃくちゃで、現実味のあるものはほとんどなかった。最初はちょっと腹が立った。彼らがやっつけ仕事でやったと感じたからだ。わたしが注意したせいでロミオとジュリエットは出現しなかったが、彦星と織姫が現れた。ほとんどが最初から最後まで叙情で埋め尽くされ、空っぽな「美辞麗句」が積み重ねられていた。

だが、一晩考えて気がついた。シャガールの絵で男女が空を飛んでいる姿に、彼らがまず感じたのは「リアルじゃない」ということだったのではないか、と。学生たちが大学に入る前に経験してきた人生はどれも徹底的なほどの現実で、空を飛ぶシャガールの人物像を目にした彼らは、むやみやたらに想像話を作り出す以外のことを思いつかなかったのだ。

彼らにとってそれは信じられず、そして考えたこともないものだった。彼らの人生にあんなに美しく、現実離れした人物やできごとが出現するなんて。「人が空を飛ぶ」なんて理解しがたいし、描写することもできなかったのだ。

あなたたちには想像力ってものはないの？　思わず声を荒げた。

教壇の下からは声は上がらなかった。

彼らが通ってきた高校の国語教師はきっと「職務に忠実」で、学生たちに「美辞麗句」を覚えておきなさい、万能だから、と教えたのだろう。これまで三回の授業で提出された作文のほとんどが、まず「椰子がそよぐ青い空」「海から響く波の音」で始まり、全体の三分の一から四分の一を叙情的な言葉を並べてムードを盛り上げたあと、やっと本文に入るものばかり。そしてその始まりの言葉と本文にはなんの関係もないのだった。

文才なんてひけらかす必要はないわ、直接あなたのリアルな思いとストレートな感覚を述べてちょうだいと言っておいたのだが。

彼らには「ストレート」な感覚がないのかしらと疑うほどだった。これまで十二年間の国語教育はそんな感覚を徹底的に消し去ってしまったの？

わたしは、なんの意味も持たない「美辞麗句」を葬り去ろうとした。しかし、彼らにとってそれは受け入れがたいものだった。ある女子学生は、良い文章とは素敵な景色の描写から始まるものだとずっと思っていたと言った。もう一人の女子学生はほっとした表情を浮かべていた。彼女は中学校でも高校でも作文では低い評価を受けてきた。美辞麗句がないからだった。やっと、そんな要求をしないわたしのようなへんてこな教師に出会えたらしい。

ある男子学生は提出した作文に疑問をつづっていた。「せんせいは、ぼくらが美辞麗句を使うことに反対するけれど、いまぼくが読んでいるせんせいの本にはたくさん美辞麗句が使われているじゃないですか！」

わたしは言った。あの本に収録されている文章の一部は十年前のもの、今のわたしにとってはなんの力もない作品なの、と。美辞麗句は化粧品のような役割を果たしてくれるものかもしれないけど、しっかりとした筆致とはまったく逆の効果をもたらすものなのよ。

生きた言葉を取り戻す

今日は生きた言葉について討論した。わたしの記憶にある教師には、中高生は成語を諳んじておけば、試験のときにはそれを臨時の「爆弾」として文学っぽい「美辞麗句」をたくさん運用できるから、という人がとても多かった。でも、言葉ってこうした過剰な実用性が課せられることによって破壊されてしまうの。

わたしはまず、「筆走龍蛇」「掩耳盗鈴」「走火入魔」という三つの成語を黒板に書いた。その後学生を小さなグループに分け、それぞれのグループでイメージと躍動感を持つ成語を三つ見つけて、黒板に書くように言った。そこからみんなでそれらを一つひとつの文字に分解していき、長い間に方程式のように張り付いている、凝り固まった観念を打破して、それらの言葉が最初に生まれたときのストレートな意味を回復させようとした。

彼らが考え出した成語はこれらだ。

火中取栗　落花流水　守株待兎　排山倒海
一針見血　灯紅酒緑　望穿秋水　飛檐走壁
鶴立鶏群　鶏飛狗跳　杯弓蛇影　横刀奪愛
龍飛鳳舞　怒髪衝冠　妙筆生花　天馬行空
聞鶏起舞　呆若木鶏　鏡花水月　油尽灯枯

懸梁刺股　絞盡脳汁　対牛弾琴　蜻蜓点水

わたしたちは一緒に、長い間がちがちに固められてしまったこれらの言葉を生き返らせようとした。「蜻蜓」を飛ぶことのできるトンボに返してやり、「鶏」や「狗」や「兎」や「蛇」を鶏や犬やウサギや蛇に戻してやった。前に出てきて黒板に「横刀奪愛」（略奪愛）と書いた男子学生はクラス中の大笑いと拍手を引き起こし、くるりと身を交わした時、まるで自分が英雄豪傑になったように胸を張り堂々と得意げな様子を見せた。

言葉のストレートな活力を取り戻すのは容易ではなかった。言葉に対するセンシティブさはすぐに培うことはできない。だが、わたしはこれからも彼らに向かって「美辞麗句」をくさし、粛清していかなければならない。

だらだら書いていいのかな

今日、偶然受け取った友人からのショートメッセージを、学生たちに例として読み聞かせた。

厳父有子四歳、秉慧而性頑、父恐不咎、久而成痼、遂択機訓之：汝有缺点者三、一者不講礼貌、二者不愛学習、三者乱買玩具、汝当改之、不改則条束及腚…童聞噤然、慑其威而頷（頜）[13]首、父

（13）「頷」は間違い。カッコ内の「頜」が正しい漢字。中国の人は携帯入力に手書きパッドを使う人が多いので時々こうした書き間違いが起こる。

及満意而去。見父已遠、童訴祖母曰：父者缺点有三、一者乱罵人、二者乱打人、三者不聴小孩話。祖母異之。

（厳しい父には四歳の子供がいた。賢いが遊び好きだったので、父はここで戒めなければ習慣化してしまうと考え、あるとき息子を訓戒した。「おまえには欠点が三つある。一つ目は礼儀を知らないこと、二つ目は勉強しないこと、三つ目は玩具をむやみに買いすぎること。これらをすぐに改めよ。改めなければ、束帯で尻を叩くぞ」と脅した。息子はそれを聞いて驚き、その勢いにおびえてうなずいた。父親は満足して去った。父の姿が遠くなったのを見計らい、子供は祖母に向かって言った。「父には欠点が三つある。一つ目はみだりに他人を叱ること。二つ目はむやみに他者を殴ること。三つ目は子供の話を聞かないこと」。祖母はこれを聞いていぶかしがった。）

教室内は騒然となった。わたしは付け加えた。このメッセージで自分の息子のことを言っている友人は文学部の出身者じゃなくて、体育大学の武術専攻だったのよ。

その後の作文は人について書く練習をした。短く簡潔に、生き生きと書くように求めた。作文と聞いて、教室内にまた軽いため息が漏れた。二組の王書為の作文はよくできていた。文章も長くなかった。

〈父〉

列車は南下を続けた。車両の中で、父は頭を上げて背もたれに寄りかかり、目を軽く閉じ、口をちょっと開けて、軽いいびきをかいている。午後六時過ぎに列車が海口駅に入り、減速の揺れで父が驚いて目を醒ました。目を開けて「着いたか？」と尋ねた。「いや、まだ減速してるとこ。もうちょっとかかる」。ぼくは答えた。

列車の減速中、父はずっと尻を椅子から浮かせたまま、右の手のひらで座席を押さえながら、時々窓の外を見ては上の荷物棚を眺めた。「ゴトン」という音をさせて列車が停まり、揺れが収まった。ぼくは「着いた！」と言った。「こんどこそ本当に着いたか！」と言うや、彼は背筋を伸ばしてスーツケースを取り上げた。スーツケースは重かった。

彼が真っ赤な顔をして、足をつっぱり、左手をケースの上にかけて力いっぱい抱え、右手でケースを外へ引きずり出してそれを下ろすのをぼくは見ていた。ぼくらは人混みにもまれながら出口へと向かった。父が前を歩き、ぼくは後ろをついていった。スーツケースを右肩に載せ、右手で取っ手をしっかりと握り、左手でケースの左下の部分を支えている。彼は時々振り返ってぼくを見た。時々、右側から振り返ろうとしたがケースに視線を遮られ、すぐに頭を左に回してぼくを見た。ぼくを見るとまたさっと頭を戻して、前に向かって人混みに押され続けた……

王書為は細かい描写で言葉少ない父親の言葉と動作を描いている。そこには、大学の入学手続きをする息子を見送る父親の心情が深くにじみ出ている。朱自清[14]が書いた「背影」の父親はとっくに教科書入りしているけれど、一人ひとりに自分の父親がいて、自分と父親の間の親しさや生々しさがそれぞれにある。新しい感覚を絶えず見つけ出すことがなければ、文学は死に絶えていくだけだ。

(14) 朱自清：二十世紀初頭の詩人。「背影」は、彼が南京を離れて北京の大学に進学する際、列車駅に送りに来てくれた父親がプラットホームで息子のためにみかんを買う後ろ姿を描いたエッセイ。

帰宅途中、何人かの学生が尋ねた。王書為のあの書き方はできごとをそのまんま羅列しただけじゃないかと。考えてごらん、わたしはそうは思わないと言った。彼の筆致は細かくてしっかりしている、「美辞麗句」も使っていないじゃないの、と強調しておいた。

おちゃらけ

学期の前半は作文実習のたびに、必ずだれかが尋ねた。「おちゃらけてもいいですか?」。いいわよ、と言っておいた。

彼らはその時期、「おちゃらけ」(悪搞)に夢中になっていた。それがまるで彼らが思いついた、唯一の現実離れのための手段であるかのように。そうでなければ、従順に、上下がきちんとつながり、ロジックや人物の節理にきちんと見合った会話やシーンを書きつづってきた。明らかに、おちゃらけが彼らをもっと自由にし、もっと型にはまらず、もっと簡単に任務を終えさせることができた。

授業でも「おちゃらけ」を演じて見せて、クラス中の大笑いを引き起こすことがあった。あまりに長い間、「正しいこと」を押し付けられ、一本気な作文の訓練でテンプレと虚偽に縛り付けられてきたのだから、「おちゃらけ」で解放感を味わってみるのもいいじゃないか。授業が進み、学期末が近づくに連れて、彼らの作文や授業中の実習から「おちゃらけ」がほぼ完全に消え失せた。それは自然に消えた、わたしはなんの注意もしなかったのに。そして作文では現実の生活に対する視線が増え、それはそれで良いことだった。

「おちゃらけ」のブームから消滅までをすべて彼らは自分たちで選んで決めた、それがわたしにはうれしかった。

彼らがイメージする詩とは

現代詩を書く人がこの現実に直面したら、また嘆くに違いない。それは、「詩意」を考えるとき、わたしたちは「杜甫を想像して」作業を行っているからだ。学生が提出した詩は、どれも古典の詩の言葉を使っており、分行は七言か五言になっていて、朽ち果て枯れてしまったような言葉が並び、「ビビッドな一言」すら見つからなかった。

現代詩を書いてきた子はいなかった、一人も。

詩意ってなに

最初に言っておくが、わたしには詩意というものがなんなのかは分からない。一言でそれがどんなものだと言い表すことはできない。だが、授業ではそれをやらなければならないことがある。文学や映像、絵画や音楽作品には、ある種の「詩意」と呼べる感覚が滲み出ることがよくあるのは確かで、それに触れないわけにはいかないからだ。

教室内でこそこそと私語が飛び交っていることに、わたしは気がついていた。彼らにはバカバカしかったのだろう。「詩意」なんて、彼らにとってはキモくて思わせぶりで、空っぽなムードばかりを振り回したり、舞台での大げさな表情やしぐさ、暗唱口調の「あーっ」という間延びした声のことを意味していた。長年の教科書やテレビ、さまざまな教師たちによる薫陶が、彼らの固定観念になっていた。

そもそも、詩意というものは、だいたい最も詩的じゃないところにある。真の詩意とは必ず新鮮に感じられるものでなければならない。だからこそ、まだ詩的だとみなされていないものが偶然新鮮なイメージを与えられて、初めて詩意になる――というわたしの解釈に、教室中が困惑の海に沈んだ。わたしには彼らの困惑を解決することはできない、彼らが頼るのは自分しかないのだ。

ぼくたちに生きた言葉を使わせてくれ

「官話」はその昔「雅言」と呼ばれ、今の普通話〔標準中国語〕のような役割を果たしていた。聞いた話によると、秦代から中国の官僚の世界では統一した「雅言」を使うことを義務付けられ、そうでなければ官僚はコミュニケーションが取れず、政令を上から下へと伝えることができなかったという。

授業へ行く道すがらのこと、後を歩く男子学生数人のおしゃべりが聞こえてきたのだが、「仮に～であるとするならば」とか「坎坷《かんか》」（物事が思うように進まないこと）とか「しかしながら」とかの書面語が使われていた。三人が一人を説得して、彼を元気づけようとしているようだった。教室に入って、授業でさっき耳にしたやり取りを学生たちにして笑った。わたしの口ぶりに、彼らも書面語を振り回すのは可笑しいと感じたようだ。

わたしは言った。英語を公用語にしているナイジェリアでは民間では二百五十あまりもの言語が「地下」で流通して使われており、中国においては方言の数はおそらく二百五十種類を越えるだろう、と。つい最近あるウェールズの詩人がその発言の最後に使った言葉を彼らに言って聞かせた。詩人はこう言った。「次に、わたくしは『聖書』を読むときの敬虔さで、みなさまにウェールズ語にある「きつつき」の七つの発音をお聞かせいたしましょう。すでに消滅しつつある、古臭く、また美しい言葉をお楽しみください」と。

彼らはみんな聞き入っていた。その目を見れば分かった。自分の口からついて出る言葉を使って話すのを嫌がる人がいるだろうか？

そうするうちに自分が書いたエッセイを読み上げるときに、方言を使う学生が現れた。同じ机に座った女子学生二人が同時に立ち上がって問答をしたのだが、それは山東省の方言を使い、大変おもしろい対話をみせてもらった。

ディテールについての作文

この学期のさなか、学校のグラウンドで張学友[15]のコンサートが行われた。ミーハーにとっては、大事件である。

授業の休み時間に、だれかがコンサートチケットを一枚手にして、営業していた。どのクラスにも一枚だけ優待券が「配給」されていて、百元チケットが手に入るというのだ。学生たちは大騒ぎで、高いと不平を言った。最終的に、会場の秩序維持のために選ばれた数人の「幸運児」を除き、八十人の学生はだれ一人コンサートの会場には入れず、その優待券も学外の人が買っていった。

ディテールについての作文練習のとき、テーマを「張学友のコンサート」にしてみた。どんな角度から書いてもいい、必ずしも自分が参加していなくても、と伝えておいた。

(15) 張学友：ジャッキー・チュン。香港の人気歌手。海南省は華南地方に属しており、同じ華南にある香港のポップスカルチャーの影響を受けやすかった。彼が狼に扮していたのは、当時、狼を題材にした彼主演のミュージカルがヒットしていたため。

以下はその時の一本だ。作者は一組の梁毅麟である。

ディテール——張学友コンサート

（原注：ディテールというタイトルには、特に意味はない）

1　舞台の骨組みを運んできたトラックのナンバーには江西省、江蘇省、浙江省、広東省、福建省のものがあった。各地の工場でそれぞれ注文を受けて作られ、現地の車を使って海南省に運ばれてきたのではないか。ただ、運転手たちの制服は統一され、ある大型トラック輸送会社が「鶏のハラ部分」(16)を一手にカバーしているらしい。

2　舞台はひっくり返って元に戻れないカニのような形をしており、その脚の部分はちょうど籠のようになっていた。

3　今回、張学友のプロモーションをしているのは英皇娯楽公司、香港のスターを生む「工場」の一つだった。

4　スタッフの中には香港人がたくさんいて、言葉の訛りでピンときた。

5　中国聯通(17)のネット対応車が出ていて、たぶんネットの生中継で見ることができたようだ。

6　バックスクリーンのテストのとき流れていたのは、映画「アイスエイジ2」だった。ドリームワークスのここ数年の作品はよく機材テストに使われている……

7　舞台後ろには高さ一メートルの二十四個ほどの巨大なアンプが二列にきちんと積まれていた。この程度のスピーカーは二つあれば、ぼくたちのグラウンドに爆音を響かせることができる。そこからしても本番の音がどれほどすごかったかが分かる……

8　張学友は狼に扮していたらしい。

9　ステージ上のセットの柱にも座席番号案内が書かれていて、後で消されていた……ペンキを塗ったやつは脳みそからっぽだったんだな。

10　コンサートが終了すると公安の指揮官がステージに上り、観客の退場を指揮していた。しわがれた耳につく声で、「張さん」に比べてヒトと野獣くらいの違いがあった。声だけ聞いていると、ビール腹の安売りタバコばかり吸っているデブデブのおっさんを想像した。

11　終わってからのグラウンドの汚れ具合はまさに中国だった……数万人、いや、数万の中国人群衆が押し寄せてきたところがどれほど平和的か分かるかい？　ううむ、なんと表現していいか分からない……このあたりはディテールとはいえないか。

わたしは梁毅麟にこんなコメントをつけた。

これは、最も細かい観察と最もオリジナルな記録ですね。「文学のディテール」とは呼べませんが、「真実のディテール」といえます。注意深く観察した結果で、あなたの観察は幅広く、洞察力に富んでいますね。

梁毅麟は広州市の出身、名簿にそう書いてあった。彼は物静かで、わたしが目にした彼はいつもにょきっと頭をもたげ、一人きりで歩いたり、隅っこで佇んでいたり、椰子の木の下でちょこんと帽

(16)「鶏のハラ部分」：中華人民共和国の地図は雄鶏の姿によく似ていると言われる。その胸から腹部に当たる地域に分布しているのが、江西省、江蘇省、浙江省、福建省、広東省である。

(17) 中国聯通：中国三大通信キャリアの一つ。

子を頭に乗せて、ひょろひょろっと立っていた。授業のときはいつもうつむいてぶつぶつとつぶやいていて、胸を張っている様子をみたことがない。ときどきどこにも焦点を合わせずにさっと前をスキャンするように眺めて、口の中でぶつぶつなにか言い、またうつむくのだった。しかし、彼が授業を聞いているのをわたしは知っていた。面白い話になると、彼はテーブルを見つめながら一人で笑ったり、もごもご言うのだ。両手を机の両側に立てて。

なぜ海南省の大学に来ようと思ったの、と彼に聞いた。彼はきいきいした声で、広州を離れたかったけど、他の学校に受からなかったから、と言った。

学期末になり、二〇〇八年に入った。彼からわたしのメールアドレスに短いメッセージが届いた。わたしに見せたいものがあるという。だが、結局彼が文字を送ってくることはなかった。

作文の授業

木彫りのお面を教卓の上に置き、そこに折ったばかりの小枝を挿した。

「小枝をのせたお面」をその授業の作文のテーマにした。三十分で書き終えるように命じた。「訓練慣れ」した「作文の達人」たちはたいして考え込むこともなく、頭を垂れてささっと書き始めた。三人ほど教壇にやってきて、三十秒ほどの時間を使ってその木彫りのマスクと緑色の小枝を観察した。

一週間後、作文を追加提出に来た子がいた。あの日、彼は授業に来ていなかったのに。

わたしは尋ねた。授業に来ていなかったんだから、お面を見てないでしょ?

彼はすぐに「見ていない」と認めた。表情はとても落ち着いていて、それは大したことではないというそぶりだった。彼はきっと、自分の目でお面を見たかどうかは重要じゃない、重要なのは作文を出すことだと思っていたのだろう。

彼に言った。次回こういうことがあっても、作文は提出しなくていいから、と。あなたが自分の目で観察した別のものについて書くならいいけれど、見てもないものを無理やり書くべきではないわ、と。

想像だけで「見たこと」を書き出せるなんて、彼らの想像力は強靭ってことなのかしら、それともなんの根拠もなく適当に文章を練り上げる能力がものすごく強いってこと？　自分で見たものをそのまま書くこと、そのことをわたしはずっと強調してきた。そしてそれは彼らがずっと軽視してきたことでもあった。

張涛の疑問

夜もそろそろ十時になろうとしていた。授業からの帰りを半分一緒に歩いてきた女子学生が学生寮へと戻っていき、残されたわたしは一人で歩き続けていた。後から息を切らせながら追いついてきた人影が「せんせい」と呼んだ。わたしのクラスの学生、張涛である。てっきり偶然通りがかったのだと思い、「ジョギングでもしてるの？」と言ったら、違う、という。ぶらぶらしているだけです、と。だが、そのときわたしは、彼がわたしに追いつこうと走ってきたことに気がついていた。

彼が言った。「せんせい、こないだのぼくたちの作文、どうでした？」

わたしは彼がなにを言いたいのか分からなかった。そして言った。なかなかだったわ。

すると彼は言った。自分は良くないと思った、とてもひどかった、と。

彼がこんなに直截的に自分の感想を言うとは思わず、わたしは気を引き締めて、詳しく教えてちょうだい、と尋ねた。彼が言うには、先生がコメントした作文のほとんどは出来が悪かったというのだ。

なんですかあれ、ひどいったらありゃしない、と。彼からしたら、ほとんどが不合格だというのだ。

どうしてそう思うの？　と尋ねてみた。

彼の心の中ではさまざまな思いが渦巻いているのを、わたしは感じ取った。だが、その一方で彼は、それをコントロールして礼儀正しく表現するために大変気を使っていることも。彼は同級生たちにわたしたちのこの授業について意見を求めたそうである。ほとんどの同級生たちは良い授業だと言ったので、どこがいいの？　と尋ねたところ、自分の頭で考えたり、自由な精神について学べるからと言った学生がいたという。なのに、彼はその授業をイマイチだと考えている。

どこがダメなの？　と、わたしは尋ねてみた。

彼は言う。どんなふうに書いてもいいなんてありえない、そんなのありえない。どんなふうに書いてもいいだって？　それじゃむちゃくちゃだよ。そんなことになったら、クラスのみんなはどこを向いていいのか分かんなくなるし、今日のような「木の枝を載せたマスク」みたいに、好き勝手に書くなんてありえない。良い作文というのは、はっきりときちんとマスクと木の枝の関係を書き出して、そのテーマを突出させることでしょ。テーマのない文章を文章と呼べるの？

わたしは言った。関係を書くこと、それは間違いじゃないし、良いことよ。でも、きっと別の視点や書き方がまだあるはずだし、それに、テーマを突出させるという点は議論の余地があるわ。あれは、芸術ライティングの授業なんだから。

彼がすぐに反論してきた。芸術とテーマは一致しないとでもいうんですか？　矛盾があるとでも？　芸術とあなたのいう「テーマ」は矛盾しやすいものなのよ、テーマは芸術とは違うものなのよ、とわたしは言った。

彼は、芸術とテーマは矛盾しないはずだと言う。

明らかに、一言で彼を説得することはできなさそうだった。すでに家の灯りが見えている。彼の身体には言いたいことがたっぷりと詰まっていて、さっさと大股で歩き、わたしもそれにつられて早足になっていた。

最後に、彼の作文についての話になった。彼は二百年後の新新人類が暮らす未来世界を描き、わたしはそれをＳＦっぽいですねとコメントしたのだが、彼はそこにははっきりとしたテーマが表現されていると主張した。

わたしは張涛の生真面目さが好きである。彼は学業を大事にしており、このコースを大切に思っている。だが、彼の生真面目さの中には、彼とわたしの間になんらかの問題があるらしいことが透けて見える。じっくりとそのことについて考えてみたい。

機械信仰

学生たちには、一般的に機械至上信仰のようなものがあった。機械に接することができること、それが高いレベルの学びだと思っているようなのだ。もちろん、機械には人よりも優れているところもある。鉄にコンピュータチップを加えたものは触れるし、指令を出すこともでき、それに絶対的に服従する。だが、ものを書くということはなんともぼんやりとしていて、つかみどころが難しい。

二〇〇六年入学の学生が二人、それぞれ自分用のビデオカメラを買ったと言った。学校の器材は数が少なすぎて自由に使えないからだ。鄧伯超はローンで買った。器材を買っただけではなく、脚本も書き上げており、書き直すたびにプリントアウトして、何人かの同級生と午後中かけて討論し、その結果脚本はまったく最初のものとは似ても似つかないものになってしまった。だが、鄧伯超はみんなと一緒に討論することで初めて高まるものを感じていた。彼は言った、これこそが「侃本子」[18]っていうんだな、と。

わたしは言った。機械だけあっても、脚本がなければ明らかにダメよね。

鄧伯超が言った。いろんなこと、一年生のときのぼくは本当に分かってなかったんだな。

質問攻めのお嬢さん

彼女はわたしを見るたびに、必ず駆け寄ってきて質問する。湖北省からの入学生で、背は高くなく、溢れ出る透き通った水のような子だった。彼女は言う。せんせい、なにも書けない、わたしなにも感じないの。

わたしもどうやって彼女を助けたらいいのか分からず、だれにでもなにも湧かないときはあるわよ、と答えた。

また他の日には、せんせいの言う通りに書いたら、ただの羅列メモになっちゃいそう、美辞麗句もダメならただの羅列になっちゃうし、と尋ねてきた。彼女のおかげで、わたしは「ただの羅列」についての新たな認識をたびたび授業で披露した。

学期末のある日、階段で彼女に追いつかれた。彼女は言った。せんせい、大学の試験ってヘンだわ、なんでこんなに時間を引き伸ばすのかしら。いくつかの教科の試験が、七日から二十二日までだらだらとずっと続くの。わたしは百戦錬磨の老戦士なんだし、試験なんてへっちゃらよ。一所懸命暗記しまくればいいんだから。一、二日でささっと試験が全部終わちゃったら、ずっと楽ちんなのに。

わたしは言った。知識をしっかりと固めておくためなんじゃないかしら。

彼女は答えた。大学ってそういうところなのね、知らなかったわ。

彼らのいう「百戦錬磨」になんの意義があるだろう？

最後の授業で、わたしたちは一緒に教室を出た。彼女が言った。この街は人を「超」がつくほどぐうたらにさせるわ、だれもがお昼寝してるみたい。わたしは答えた。あなたのような若者なら都市に自分のリズムを狂わされることはないでしょ、自身の力を持っているんだから。彼女はうなずいてはいたが、心の中でその言葉を疑っているのが分かった。彼女はわたしの家のそばまでくっついてきて、突然言った。受験やり直したいの、と。慎重に決めなさいよ、とたしなめると、彼女は薄暗い黄色い光を放つ街灯に沿ってゆっくりと学生寮に向かって戻って行った。

教師なら迷いを解きほぐせるはずなの？　でも、わたしにできることはあまりにも少なすぎた。

落ち着いているように見える彼らの心はなにを考えているのだろう

落ち着いているように見える彼らの心は、なにを考えているのかしら？

わたしが目にしているのは、授業のベルが鳴ってから静かになり、背中を伸ばし、顔を上げている彼らだけで、その心はときに乱れ、ときに落ち着いている。

小説『許三観売血記』(19)の一部を読みながら人物を分析したこの数週間のうちに、彼らは人物展開の

(18) 侃本子：「本子」は脚本のことで、「侃」(kang) とは俗っぽい言葉遣いで「ガヤガヤ言う」という意味。業界人が脚本会議を指してよく使う言葉。
(19)『許三観売血記』：常に社会風刺的な視点を混ぜ込む余華の長編小説。労働者の許三観が売血をしながら人生の困難を乗り越えていくが、年を取ってだれも彼の血を買ってくれなくなり、絶望感にさいなまれるという話。

基礎スタイルをすでにしっかりと把握した。今日の作文はその続きを書くこと——許三観が一楽が自分のほんとうの息子ではないと知り、その妻と別の男の間に生まれた息子が人を殴って面倒を起こし、けが人の家族がたびたび賠償を迫ってくる——わたしはここで小説から離れ、学生たちにその続きのストーリー展開を書かせたのである。

十人一組にして、にぎやかに一コマ分の授業を使って討論した後、それぞれのストーリーを発表することにした。あるグループは、「どうせ自分の息子じゃないんだし」と許三観が息子を連れて売血に行くというアイディアを思いついた。小説ではこのときの一楽はやっと九歳になったばかりなのに。あるいは、許三観の妻に売春させるという案を思いついたグループもあった。「そっちのほうが売血より早くお金を稼げる」。

身体のぶつかり合い、飛び降り、自殺、刃傷沙汰、銃発射、こうしたアイディアが出てきた。これらが、彼らの心の中にある問題解決の最終手段ということなの？　わたしがそこで目にしたのは、こうした極端なアイディアだけが、彼らをわくわくさせ、平凡な解決方法にはだれも興味を示さないことである。どんな目に見えない経験が、彼らをして苦しみを極限に膨らますことに夢中にさせているのだろうか？

水を含んだような、善良で、柔らかいパワー。だれもその視点から考えようとしていなかった。

今日は授業がないから、退屈です

最初の二回の作文によく現れた言葉が「今日は授業がないから、退屈です」だった。

なぜ退屈なの？　と尋ねると、ある学生が言った。大学入試であまりにもピリピリして、試験が終わって一旦それが緩むと、もうあの緊張感に戻れなくなる、と。「授業があるときは退屈じゃないんだけどなぁ」。

彼らは強制による受け身の充実感に慣れきっており、一旦授業がなく、強制がなくなると、まるで空中を浮いているようになって、なにをしていいのか分からないのだ。

わたしは言った。あなたがたが早く、「今日は授業がなくて充実してるわ」と言えるようになってほしいわ。

全力を尽くす

その学生は、休憩時間にゆっくりと近づいてきて、さっと言った。「なんでせんせいは授業にそんなに全力を尽くすの？」

彼が言う意味をわたしが理解する前に、彼はさっといなくなった。

この言葉にわたしはしばらく悩み続けたが、結果は出てこなかった。それはあざ笑っているかのようでもあり、また第三者がすべてを見抜いた後の大きな悟りのようでもあった。

もう頭を悩ませない。わたしは思った。わたしは良い教師になろうとしているのよ。でも、八十人の彼らの一人ひとりに良い学生になるようにと要求することはできない。わたしたちはもとより、対等な立場にないのだし、努力したからと言って同じ収穫を得られるとは限らないのだから。

授業のたびごとに、わたしは自分の考えをきちんと整理し、自分の現実と書くことについての思いを伝えることができている。自分の考えた成果を分け与える、これは幸せなことなのだ。彼らにすぐにすべてを理解してもらおうなんて、求めない。

全力を尽くす、素晴らしい賛美だわ。

この授業は楽ちんよ、とだれかが言った

彼らには悪意はないのだろう、わたしを持ち上げてくれてるのかもしれない。でも、そのような持ち上げ方はお断りだわ。

わたしは、あなたがた一人ひとりの個人に向き合うことにはなんのプレッシャーも感じていない。でも、あなたがた全体に向き合うことに一瞬たりとも気を抜いていないわ。

わたしのルールは、絶対になんの準備もしていない人を突然引っ張り出して問題に答えさせることはしないし、無理やりわたし個人の考えをほかの人に押し付けることもしないこと。そしてさらにさまざまな手段で学生を辱め、処罰し、脅す教師を心から憎んでいる。でも、もしそれを楽ちんと理解するのであれば、それは「奴隷」根性だわ。

はっきりと言っておく。わたしはだれかを不合格にするつもりはない。でも、わたしは最低限、あなたがたにやんわりとプレッシャーをかけ続ける、それがわたしの手段よ。

ニュース

周囲の世界に対する学生たちの冷淡さと無関心ぶりは、わたしの想像を大きく上回っていた。自分と関係ないものは、どれほど重大なことでも彼らの関心を引けなかった。あるニュースのことを尋ねてみたら、八十人中たった一人しか知らなかった。さらに尋ねてみると、彼は偶然、だれかが石のべ

ンチの上に捨てた古新聞を拾ってちらっと目に通したときに知ったのだという。大学一年生がニュース情報を手に入れる手段はあまりにも少なく、わずかに数台のテレビが学生食堂の上のほうにぶら下げられているだけで、ニュース番組の最中であっても、だれかがさっとチャンネルを変えてソープオペラにしてしまうことがよくあった。

そういった重大あるいは微細な時事ニュースは、グローバル化と呼ばれるこの時代において、たびたび人間の最低基準に触れるもので、成人ならば一人ひとりが即時にそれを理解し、自分の判断を行わなければならないものなのだ。一九八九年生まれの新しい時代の彼ら青年知識人が、この世界において自分が向かい合っているものが作文そのものだったり、分数そのものだったり、試験そのものだったり、学位の証書そのものだったり、良い就職先そのものだったり、そして大金さえ手に入れれば、他人より上の生活が出来るのだなどと思わせてはならない。

わたしは考えた。最近世界中でなにが起こっているのかを彼らに知らせる責任が自分にある、と。十一月に入って、わたしは授業に「十分間の時事ニュース」という課題を組み込んだ。

同類の傷を悼む

十一月二十六日、テレビで「肖志軍」事件[20]の報道を見た。テレビを見るまでは、わたしは新聞に出

(20)「肖志軍」事件：肖志軍という農村男性が、妊娠中の同居女性が呼吸困難に陥り、病院で検査をしたところ、胎児と女性の両方の生命に影響すると手術を勧められた。しかし、肖は手術の同意書への署名を拒絶し、投薬治療を主張。医療関係者の説得にも頑として応じなかったため、病院は為す術がないまま、女性と胎児が死んだ事件。当時、肖は手術することで借金を負うことを心から恐れ、薬でも治るはずだと主張し続けたとされる。

ていたタイトルをさっと見ただけでそれほど関心を持っていなかった。映像のパワーを認めないわけにはいかない。画面に映し出された、あの下品な男が白い布に包まれた死体を見守り、触りたくても触れず、近づきたくても近づけず、泣こうにも泣けない様子を見ていた。立っている者、横になっている者は、生死を分かった恋人同士なのに。

十一月二十七日の授業で、わたしは学生たちにこの事件について知っていることと目にした顛末を話してみせた。わたしは言った。事件という意味では、ここには今の中国社会が抱える問題のすべてのキーワードがほぼ含まれている。人間として、わたしは同類の傷を抱えている気分だわ、と。

教室内で笑い声が起こった。彼らはもしかしたら、教師がそんなにあっさりと感情的になるべきじゃないと思っていたのかもしれない。

わたしは自分の気持ちを彼らに押し付けることはできなかった。またわたしが見たものを完璧に言葉で表現することもできなかった。わたしたちはマルチメディア教室にいるわけではなかったので、わたしが見た場面を再現して見せることもできなかった。

その時わたしが、あの死んでしまった李麗雲という妊婦はまだ二十二歳だと言ったとき、彼らの中からため息が聞こえたが、すぐに静かになった。そしてわたしは言った。その亡くなった女性はかつて映画学校で学んでいたこともあるそうよ。そこで彼らはまたため息をついた。そしてすぐまた静かになった。

わたしはもう気がついた。彼らにとって、社会ニュースの多くは遠く、孤立した存在に聞こえるのだと。わたしたちの大学生は「人気者」「学生さん」で、お高いところにいる存在なのである。そんな社会の雑然とした、見渡す限りの人の波とはなんのかかわりもない、と。わたしは逆に尋ねた。こんなことがわたしたちの身の上に起こらないとだれがいえるの？　たとえば孫志剛[21]みたいに。

教室の中は同じようになんの反応も見せなかった。孫志剛がだれなのか、孫の身の上になにが起こったのか、知りたいとは思っていない人がたくさんいた。

彼らに言っておいた。今日授業が終わってから、テレビであの「肖志軍事件」特別番組の後編が放送されるから、と。

三日目、十一月二十九日の授業で、この番組のことをわざわざ尋ねてみた。なんと、一人もこの話に食らいつく子はいなかった。

彼らはテレビを持っていなかった。新入生の寮はすぐにインターネットを引くことができず、三千ムー[22]の巨大な学校の敷地にはわずか数平米の小さな新聞スタンドがあるだけで、英語新聞、コンピュータ新聞、あと華やかな表紙の雑誌「読者」くらいしか取り扱っていない。もちろん、その気を出せば、街に出てインターネットカフェに行ける。しかし、そこに一歩入ったら、彼らは当然のようにQQのおしゃべりやゲームに引き寄せられることだろう。八十人のうちだれもあの肖志軍という人物に関心を示さなかったのだ。わたしたちは人文メディア学院[23]のはずだが、人文ってそういう学問だったっけ？　と訝しく思わざるを得なかった。

その「愚かさ」と常識の欠落が大問題になった。

(21) 孫志剛：二〇〇三年、湖北省の大学を卒業したばかりで広州で働いていた孫志剛氏が警察に拘束され、殴る蹴るの暴行を受けた上で拘置所で死亡した事件。彼が警察に連行された理由が身分証明書を携行していなかったこと、そして彼が市外出身者という点が理由だったことから、生まれたところに縛り付けられる戸籍制度に関する激しい論争が起こった。その後、都市外出身者に対する一時居留手続きが緩和されるきっかけとなった。

(22) ムー：「畝」と書く、面積の単位。一ムーは約六六六・七平米。

(23) 人文メディア学院：この「学院」とは大学の「学部」に相当。

十二月二十日、陝西省鎮坪の「華南虎」[24]写真事件の経過と広州の許霆[25]による故意の現金引き出し事件の無期懲役判決となった一審結果を三分間で紹介した。トラが本物かどうかなんてことにはほぼ関心を示さず、銀行の現金自動引き出し機が十数万元多く吐き出したということを聞いて、彼らは明らかに気持ちを高ぶらせていた。

普通の人が引き出し機を使うチャンスは当然、トラに直面するよりも多いだろう。真相について尋ねると、多くが思いもよらなかったという。ある学生は、過剰なまでに真剣になる必要はない出来事だと言った。実のところ、数歩下がって考えるなら、ドラマ映画を学ぶ学生であれば、真相追及は最低限のプロフェッショナリズムなはずだ。そうでなければ、永遠に「サスペンス」と生き生きとしたストーリーを作り出すことはできないからだ。

残念なことに、彼らはそこまでの意識がなく、ただ自分と関係のあることにしか関心がなく、その他のことはすべてがとらえどころがないことという位置づけなのだ。これはまた、彼らの作文にはほとんど第三人称が出現せず、「わたし」という第一人称しか出てこないことにも表れている。そしてその「わたし」とは、明らかに虚構ではなく、筆者自身なのである。長い間集団公共意識の中に縛り付けられてきたことに対する、彼らなりの生物的自然反応なのだろう。しかし、しっかりと真相に注目することこそ、さらに気高い自己実現なのだと彼らに気づかせる必要がある。

終業のベルが鳴り、わたしがノートを片付けているとき、学級委員が教壇の下に立って、なにかの講座に必ず出席するように、土曜日の夜だからね、と呼びかけているのが耳に入った。すると、一面の不満が押し寄せてきた。「土曜の夜は映画があるのに！」。

学級委員はちょっとそれにビビって、慌てていった。「二年生になるまでの辛抱だ」。

一年生の学生は「頭数用に乱用される」のだ。さらに言えば、彼らは入学するやいなやすぐに思い知らされる。「おまえら一年生は下っ端だ、弱者なんだ。自由を味わいたければ、二年生になるまで待て」と。ならば、だれがこの最初の、単純で、右も左も分からない一年生をかわいがって、守ってくれるのだろう？

だれも聞きたくもない講座なんて空っぽにしておけばいいじゃないの。

(24)「華南虎」写真事件：中国南方に棲息していたがほぼ絶滅したとされる華南虎を、二〇〇七年に西北部の陝西省の山林で撮ったという写真が出現。国家保護動物ゆえに大騒ぎになったが、最終的には写真を撮ったと主張し続けたハンターによる自作自演の詐欺だったと結論づけられ、ハンターは懲役判決を受けた。しかし、当人はずっと「事実だった」と主張し続けている。

(25) 許霆：二〇〇七年、許霆が広州市の銀行ATMでお金を引き出した際に一〇〇〇元（約一万五〇〇〇円）を引き出すたびに引き落とし額が一元と記録されることに気づき、その場で次々と一七・五万元（約二七〇万円）あまりの現金を引き出した事件。その後許は逮捕され、窃盗罪で有罪判決を受けた。

責任

夜、ある学生が彼女の同郷の学生を連れてきて、廊下でその学生をわたしの前に押し出して代わりに言った。「この子の学籍簿にトラブルがあって、どうしていいのか分からないんです。両親にも言えないし」。

ご両親はなにをしていらっしゃるの、と尋ねたら、やっと彼女はわたしのそばに寄って来て言った。「農民です」。

わたしは言った。これはあなた自身のことだし、あなたの運命に関わることなんだから、他人任せにしちゃだめよ、自分で尋ねてはっきりさせなさい、自分自身でよ。

彼女はもぞもぞと、授業があるし、と言った。我慢できなくなって尋ねた。「あなた、学籍が大事なの、それとも授業が大事なの？」

二人はのんびりと手をつないで去っていった。若い彼女たちは、自分たちが社会に責任を負っていることを理解できていない。でも、自分の未来に関わる問題にぶち当たっても、ああやってのんびりと淡々と、他人任せにするつもりなのかしら？

吸血鬼

授業が終わる数分前に、彼らに「南方週末」紙に掲載された短いエッセイ「大学に進学した娘はなぜ吸血鬼になったのか」を読んで聞かせた。というのも、そこに書かれた内容が彼らの姿にそっくりだったからだ。みな、真面目に聞いていた。そしてそこに金額が出てくると、席で小さな議論が起きた。ちょうど読み終えたところで終業のベルが鳴った。

農村家庭にとって、年間六〇〇〇元（約九万二〇〇〇円）という大学生の学費を支えるのは並大抵のことじゃないはずだ。

アルバイト

この学期がそろそろ終わる。ある女子学生がわたしと一緒に教室をあとにしながらこう言った。せんせい、わたしはテレビが好きです、せんせいの授業で初めて映画とテレビの違いが分かったの、と。

この学期の最初の授業で、彼女は机にぺとっと張り付いていた。休み時間に、睡眠不足なの？と尋ねると、赤い顔をして、気分が悪いと言った。あら、おでこも熱いわ、熱があるじゃないの。彼女に寮に戻るように言ったが、聞かなかった。

今の彼女は跳び跳ねながらこう言う。「せんせい、学生食堂でジュースをおごってあげる」。

彼女は食堂で飲料品を売るアルバイトを始めたのだ。あっという間だった。もう一カ月になるんです。今日はお給料日なの。

毎晩十時から食堂で飲料品を売り、毎日二時間の仕事で月二〇〇元（約三〇〇〇円）の仕事である。

彼女の後ろについて学生食堂のテラス席に行った。仕事に入る準備もせず、彼女はそのまんま小さな売り場のカウンターをくぐり抜け、身体を起こして笑いながらお客の相手を始めた。

その飲み物はなんともいえないまずさだった。プラスチック瓶からほじくり出した粉に水を加えて混ぜただけのもの。経済的に余裕がある学生だけがよくやってきてそれを飲むという高級品である。

空にはこの島の夜空によく見られる白い雲が浮かび、飲んでいる学生たちは心からそれを楽しんでいるように見える。貧しい家庭の子たちは絶対にこんなところにはやって来ない。

お金

「わたし、お金がいる」――学生の作文にこんなストレートな言葉が出現したことに驚いた。

作文の講評の授業の合間に、行き来する人の流れの中にその学生を見つけた。背が高くて、いつも一番後ろに座っている子である。

ちょっと話があるんだけど、と声をかけて、人混みを避けて廊下に出た。そして言った。あなたの作文を読んだわ。

そう言っただけなのに、彼女はとたんに涙をこぼし始めた。ぽろぽろぽろ、いやこぼれるなんてものじゃない、溢れ出た。夜の海から強い風が吹き、彼女は後ろの欄干にぎゅっと身体を預けていた。涙が止まらないその姿をじっと見つめ続けた。あまりにも悲しげに泣く様子に、説明を聞くまでもなく、彼女が書いたことは本当だったのだ、本当に彼女はお金がないのだと知った。

激しく泣きながらも彼女ははっきりとした口調で、家のことについて話し始めた。次から次へとティッシュを手渡すとき、彼女の大変しっかりとした筋肉質の腕に手がぶつかった。

作文で彼女は、みんながいつも素晴らしい大学生活について語り、学内には多彩なさまざまなイベントがあると言うが、自分はそれに身を任せることができない、お金が必要だから、と書いていた。

彼女は海南島の儋州の出身で三人姉妹。お姉さんは江西省の大専(26)に進学したばかり。本当は試験の成績も良かったのだが、なんども考えて授業料が一番安い学校を選んだ。妹も職業高校を受験する予定だという。三人の娘を同時に学校で勉強させているこの家庭は、収入を母親一人が支えている。一度だけ、彼女が自分の父親に触れた。海南島の田舎では、高齢の女性が体力を使う、たとえば鉄筋を担ぐ姿をよく目にする。一方で壮年の男たちは茶館に集まって、むき出しの足を組んでお茶を飲んでいる。そんな「おっさん茶館」は村中にあり、海南島独特の風習になっている。

学期末が近づいた頃、彼女がわたしのところにやってきて、就学ローンの申請をして、毎月一〇〇元（約一五〇〇円）の生活費の支援を受け始めたと言った。

期末試験直前に、街で彼女に出会った時、彼女は笑いながらこう言った。姉と妹はとても外向的なのに、なんであんただけそんなに内気なのかしらと母はいつも言っていると。父親はといえば、現実に対して批判的で、自分とはやっぱり似ていない。彼は文章も書けるし、おしゃべりもうまいのに。

二〇〇七年の最後の数日、彼女は英語の期末試験を心配していた。わたしが高校のときはどうだったの？　と尋ねたら、高校の先生は暗記ばかりさせて、試験のときはカッコを適当に埋めれば、いつか正解になるから点数が稼げていたという。今の彼女に出来るのは単語を暗唱することだけで、英語の文法は知らず、中学校からずっとそれを学ばずにきたそうだ。

彼女の作文に刺激され、授業を使って数分間、金銭観の話をした。「お金ってそれほど大事なものじゃない。一人の人間が生きるには、もっと大事なものがたくさんあるのよ」と。彼らの顔には、明らかに納得できないという表情が浮かんでいた。彼らはこう思っていたのかもしれない。せんせいったら、立って言うだけなら座ってる人の腰痛の辛さは分からないよね[27]、と。

(26) 大専：大学レベルの技術専門学校。
(27) 立ったままで腰痛の辛さは分からない：「他人の痛みは分からない」という意味のたとえ。腰痛は座っているときが辛いことから。

もしかしたら、人はお金に不自由しなくなって初めて、いちばん大事なものはお金じゃないと理解し始めるものなのかもしれない。

もう一度言う、いちばん大事なのはお金じゃない

分かっている、彼らが納得していないことは。だがそれでも、違う価値観は存在するのだと彼らに言い聞かせておかなければならない。

彼らはいんぎんに首を振りながら、周囲と議論していた。それはだいたいこう言っているのだ。お金が重要じゃないというなら、もっと重要なものってなに？

わたしは自分の言葉を彼らに投げ込んでおいた。彼らは衣食に困らないようになってから初めて、お金よりもっと大事なものがあると気づくだろう。「寓話」が早く現実になるように、と期待したい。

宝くじの刺激

ある大学二年生が偶然宝くじに当選したというニュースを、インターネットで見た。学生たち好みの話だなとは思っていた。だが、彼らの盛り上がり方はわたしの予想をはるかに上回った。

ある大学二年生が宝くじを買ったんだけど、朝歯磨きをしているときにふと、買っておいた宝くじの発表があったはずだと気がついて、見てみたらなんと大賞が当たっていたそうよ。

教室中の目がらんらんと輝いた。いくら？　いくら？　いくら当たったの？

当選額の数字に大変な関心ぶりを見せた。

わたしは言った。みなさん、この専攻では答えをはぐらかすのは大変重要なことだって学びましたよね。「大事なネタ」をそんなに早く暴露してしまってはいけないのよ。

それでも、彼らの目はらんらんと輝き続けている。わたしが五〇〇万元（約七四五四万円）と口にすると、教室中に机を叩くドンドンという音が響き、天井を仰いでため息が続いた。まるで、空から落ちてきた「ぼたもち」が、彼ら一人ひとりのすぐそばをすり抜けて地面に落ちてしまったかのように。

聞くところによると、この学生はいろいろ駆けずり回ってその賞金をやっとのことで手に入れると、すぐに学校を辞めて姿を消してしまったそうだ。同じ寮の人たちは彼がみんなにおごってくれるだろうと期待し、教師は彼になんども学業を続けるようにと説得したにもかかわらず……ここまで話すと、教室中に軽蔑するような声が広がった。最後に、賞金を手に入れた学生が教師の声に耳も貸さず、「振り向きもせずに去っていった」と言うと、教室内には大きな賞賛と感慨たっぷりの声が響いた。

宝くじ当選の話は、今の時代に最も人を引き付けるサスペンス・ドラマだ。その当選額が五百万であろうが、五十万であろうが、五万であっても人の心をかき乱すのである。

わたしは言った。現実的になれば、わたしは学生に学校に戻れとは言わないわ。今の中国の状況を見れば、彼が落ち着いて教室に座っていられるわけがないもの。学生たちはうんうん、とうなずいた。

この学期の授業において、これがわたしと学生が最も分かり合えた五分間だった。お金の話が引き金だったにもかかわらず、そしてこの教室のだれ一人として関係のないお金の話だったにもかかわらず。

突然のラ・シエスタ

ゴッホの油絵「ラ・シエスタ」は、麦畑で一組の男女が山のように積み上げられた麦わらに寄りかかって寝ている姿を描いた作品だ。今回の課題は、学生たちにこの絵を見て続くエピソードを考えさせた。「突然のラ・シエスタ」というタイトルで、突発事件の発生を書かせようとしたのだ。

彼らから声が上がった、演じるってのはどうでしょう？　グループごとに分かれて討論し、脚本を書き、練習してから演じてみたい、と。

数日後に八つのグループがそれぞれの「突然のラ・シエスタ」を演じることになった。

思いもしなかったことに、八つのグループがすべて例外なく、突然の災難が振ってくるという脚本になっていた。

思わず考えた。現実の生活はこの子たちにとってなんの安心感もないってことなのだろうか？

なぜ突然起こることがすべて悪いことなの？　わたしは尋ねた。

彼らは顔を見合わせてだれも声を上げようとしなかった。まるで、わたしがへんちくりんな問いかけをしたかのように。

八十人のうちだれひとりとして良いできごとを思いつかないなんて。「突然」やってくるものには、幸せなことだってあるはずでしょうに。

「幸運」な王宝強

授業の合間の休憩時間に、学生たちが雑誌「読者」[28]を回し読みしていた。それは彼らが授業の教科書以外に読んでいるものだ。彼らは言う。もう長いこと学校で、アホみたいに勉強してきたからね、ぶ厚い大きな本を見ると頭が痛くなっちゃうんだ、と。

ある学生が、北部の農村から出現した俳優で、別名「シャーケン」（傻根[29]）と呼ばれる王宝強の話を始めると、学生たちはきゃあきゃあと彼を楽しげに取り囲んだ。「シャーケン」や「許三多」の話になると大喜びする。彼らは生まれつき重苦しいものが苦手なのだ。

彼らの世代がずっと重苦しいものをやり過ごし続けるわけにはいかないが、娯楽と軽い話題ばかりを好む傾向がある。尋ねてみた。「シャーケン」が現れればすべてがうまくいくとでも思ってるの？まさかあちこちに「シャーケン」が顔を出すことはないはずでしょ？と言うと、彼らは言った。そうよ、王宝強は幸運児なんだもん。

眠くて眠くて

みんな、今日は眠そうね？

教壇の下から声が上がった。そうそう、すんごく眠いんです！

多くの子の目が開いておらず、まぶたがどーんと垂れ下がっている。

いったいどうしたの？

(28)「読者」：一九八一年創刊の総合雑誌で、発表された記事のダイジェスト版を掲載する中国版「リーダーズ・ダイジェスト」であるが、米国のそれとは関係なく、名称を巡って本家と裁判沙汰になり、名称を「リーダーズ・ダイジェスト」の中国語「読者文摘」から「読者」へと変えたという経緯がある。

(29)「シャーケン」(傻根)：俳優・王宝強の出世作となった映画「天下無賊」(邦題：イノセントワールド)で演じた役柄名。田舎の、真面目で純朴過ぎる人物が社会からすると、バカ(傻)なでくのぼうのように見える姿を好演し、王は他の出演者を上回る爆発的な注目を集めるようになった。「許三多」も映画「士兵突撃」で王が演じた役名。

ある学生が言った。運動会のおかげで気分が散漫になっちゃって。運動会が終わってみんなもう一万メートルも走る必要がなくなったのに、眠気が消えなくて。わたしは木槌を持っていたら思い切り机を叩きたい気分だった。

授業が終わってある学生が言った。なんだか集中できないんです。入試が終わってからずっと、気分が散ってしまって。

彼らはたぶん気づいていない。大学一年の前学期はそうやってぼんやりとしているうちに過ぎ去ってしまうことを。まさか未来は永遠に、無限に続くと思っているのかしら?

フォーマットがほしい

わたしの担当授業がそろそろ終わる。ある学生が言った。「せんせい、しっかりとして、ぶれないフォーマットを教えてください。たとえば、最初をどうやって書き始めるのか、どうやって終わるのか、どうやってセリフを書くのか、どうやって小作品を構成するのか、操作フォーマットをまとめるべきです」と。

わたしは言った。わたしの目的はフォーマットを消し去ることなの。あなたがたが視野と考えをオープンにして、それぞれの周囲で起こる、取るに足りない小さなことに注目することを学び、いつも準備と頭脳と想像力を蓄えている人になって欲しいから。わたしたちは一個八〇元の標準レンガを作っているわけじゃないし、わたしもそんな金型を持っていないし。そう答えた。

彼は複雑な表情をしたままで去っていった。ちょっと不満げで、もしかしたら講義をする側の誠意を疑っていたかもしれない。わたしは一人で別の方向に向かって歩いた。一言も発さないまま。

授業が終わり、一組の崔佳南にわたしと一緒に帰りましょう、と声をかけた。

崔佳南という署名がある作文を読んで、びっくりした。わずか一ページの作文なのに、言葉と内容は硬い氷のような「檄文」そのもの。一九六〇年代、七〇年代のそんな文体はわたしがあまりにもよく理解しているもので、憎悪の対象でもあった。書いたのはきっと鉄砲玉になることを気取る男子学生だろうと考えていた。思いもしなかったことに、崔佳南ってだれ？　と尋ねたとき、目に入ってきたのは彼女の赤い顔だった。わたしはあっけにとられた。

この顔にはとっくに見覚えがあった。彼女はこれまでずっと、クラスで一番熱心にわたしの授業を聞いており、あの純朴でしっかりとした表情はいつもわたしに自信を与えてくれる。わたしはきっとこの学生はこの授業の深い意味を感じてくれているに違いないと思っていた。そんな彼女とあの「強硬な言葉じり」の作文はどうしても結びつかなかった。

わたしは言った。あなたが崔佳南だとは。けれど、あなたの授業中の態度はとても印象的で、きっと温かくて細やかな心の持ち主だと思っていた。意外だわ。

彼女はちょっと不安げに言った。自分は作文がうまく書けないんです、どうやって書いたらいいか分からなくて。

「細かいことを書いてごらんなさい」とわたしは提案してみた。崔佳南と別れてから考えた。まったく違う世代の考え方や言葉をこの眼の前の若者に伝授した教育とは、一体どんな背景を持っているのだろう？

ララ、みんなの歌

張学友のコンサートが行われたとき、学校中に警官が配備されてまるで戒厳令が敷かれたかのようだった。それほどしないうちに今度は、「みんなの歌」(30)の撮影が行われるという。またキャンパスに、ステージを作るためにやってきたトラックがずらりと停まっていた。授業の時間帯にそばに置かれたスピーカーのマイクテストがぎゃあぎゃあと行われ、学生たちがばらばらと立ち上がって窓を閉めた。外で音楽が始まると、しばしお休みするしかなかった。マイクでの絶叫が静かになると、やっと授業を続けられる。まったくうざいったらなかった。

失望

会議に出席するために広州に行った。今の大学生にはがっかりでしょ？　とある人が尋ねてきた。わたしは答えた。今のわたしはとてもシンプルなの。どんな学生がわたしのクラスに回されてきたとしても、教えられるものを教えるだけよ。

わたしは失望なんかしていない。我が子だって大学一年生のときはなんにも分かっていなかった。四年間を使って彼らはたっぷりと時間をかけて考えを整理し、自分を高め、急速に成長していく。わたしの役目といえば、彼らに示唆を与えることであり、引っ張り上げて成長させることじゃない。わたしは、こんなふうにずっと現実に向き合っていくつもりよ。

「監督」からの電話

二〇〇六年入学組の学生、蔡為潤が電話をかけてきて、彼が監督をした舞台劇を今夜見に来てほしい、一回だけの舞台だから、と言った。

わたしは言った。今夜は授業なの、残念だけど。

彼が、サボっちゃえば、と言う。

わたしは言った。学生ならサボれるけど、教師がどうやってサボるのよ?

脚本のことを尋ねてみた。

彼は、脚本は自分が書いたものじゃないんです、と言った。陝西省の作家のものを演じるんです。夜の授業に行って、言った。今この瞬間、あなたがたの先輩が舞台を演じてるところなの。でも残念なことに脚本は陝西省の作家のもので、自分が書いたんじゃないんですって。演劇にとって脚本はとても大事なのに。

学生たちからはなんの反応もなかった。

そこに木槌があったとしても意味はない。世の中にはそんな心を覚まさせる木槌なんてないのだ。

(30)「みんなの歌」:中国語タイトルは「同一首歌」。全国放送の中央電視台製作のバラエティー歌番組で、各地を回って現地の人たちと人気歌手が同じ舞台に立って歌うという趣向が受けて、一時は大人気を博した。二〇一〇年に番組は終了。

ぬくもり

二〇〇五年入学の蒲晋松が授業を聞きに来た。二年前に教えた学生だ。授業が終わると、彼がわたしのためにCDを一枚ダビングしてきたという。[31] 中には彼が好きな、「盲山」「盲井」「三峡好人」「ライフ・イズ・ビューティフル」[32] など八本の映画が入っていた。蒲晋松が言った。これから見たい映画はぼくがコピーしてあげます、いつでも言ってください、と。

彼の言葉にわたしの心に熱いものがこみ上げた。

アメ

十二月二十五日は授業の日だった。二十五日の授業は肩のこらないお話をしましょうと事前に言ってあった。彼らはそれを聞いて喜び、とっくにリラックスしていた。もし、十二月二十五日は作文を書いてもらうわと言ったら、クラスの半分以上が大騒ぎになり、重苦しいムードになっていたことだろう。彼らは気楽なものが大好きで、プレッシャーを恐れている。

二十五日は短編小説を二本読んで聞かせた。休憩時間に一組の班長がサンタクロースの赤い帽子をはすにかぶり、みんなにロリポップキャンディを配って歩いた。わたしにも一本くれた。クラス中がみんな口からアメの棒を突き出している様子は、おかしかった。でも、二組の学生たちは[33]アメの準備をしておらず、教室の半分がアメをなめなめしつつ、残りの学生たちはちょっとしょんぼりしていた。

授業開始のベルが鳴り、わたしはアメを口から出した。

彼らは言った。せんせい、アメ舐めながらやろうよ、舐めながら！

わたしは言った。だめよ、アメを舐めながら授業したら、モゴモゴしてちゃんとしゃべれないじゃないの。

去年の「上課記」

海南島の五指山区にいたとき、二〇〇六年入学組の学生三人から立て続けにメッセージが来た。彼らは出版されたばかりの雑誌「読者」でわたしの二〇〇六年版「上課記」を読んだという。そこで取り上げられた鄧伯超と雷成虎もメッセージを寄越した。そこで雷成虎は自分はもう経済学部に転部したと言った。

数日後にキャンパスで女子学生数人と顔を合わせたら、彼女たちが飛びついてきて「せんせい、なぜわたしたちのことを書いてくれなかったの」と言った。

その後で、二〇〇六年入学組の衛然を見かけた。彼女は自分も「読者」に載せてほしかったと言った。

(31) ダビング：当時はインディペンデント映画、あるいは外国映画はほとんどなく、また正規版のビデオを売る店も地方ではほぼ存在せず、映画愛好者は海賊版でそれらを見るしか手段がなかった。著者の学校のように映画やテレビ業界に関わる課程のある大学には映像ライブラリもあり、学生はほぼ自由に見ることができた。

(32)「盲山」「盲井」「三峡好人」「ライフ・イズ・ビューティフル」：「盲山」「盲井」の監督は李楊、「三峡好人」は賈樟柯（ジャ・ジャンクー）で、当時は国営の映画産業に頼らずに独自に資金を集めて撮るインディペンデント映画監督だった。「ライフ・イズ・ビューティフル」はイタリア人監督ロベルト・ベニーニの作品。

(33) 二組：筆者の授業は、一学年二クラス八十人が一緒に受講している。

わたしは言った。あなたの目標は、自分の名前が「読者」に載るなんてことよりもずっとずっと大きいはずでしょ。

最後の授業（その一）

女子学生が一人、教卓の上に身を乗り出して言った。雪が降るのを見たいなぁ、故郷では十二月には雪が降っているんだけどなぁ。

学期末試験のスケジュールが発表されると、学生たちの多くが故郷を恋しく思い始める。わたしの授業を再履修した、二〇〇六年入学の女子学生は、授業が終わると教卓の周りをぶらぶらし、まだもう一つ試験が終わっていないし、と言い、自分がこの授業で及第点が取れるかどうか探りを入れた。彼女はたとえ授業に出ていないときでも、終業のベルが鳴ったときには、教室の入口に立ってニコニコと笑い、すきを見て話しかけようとする。子どもたちは成長する。ピュアなままでいる子は少なく、多くの子がずる賢さを学ぼうとしていた。

最後の授業で三分間を授業と関係ない話に費やした。海南島の外からやってきた学生のほとんどは、まず広州に出て、北に向かう列車に乗り換えることになる。わたしは言っておいた。「広州駅は世界で最も複雑な駅よ」と。彼らにとってこれが初めての「春運」(34)体験で、外では「お金は身体にぴったりとつける」ように言い含めた。

休暇中の実家での見聞をまとめて、いつでもわたしに送ってちょうだいと伝え、最後に試験ではなにがあっても不正はだめよと言った。彼らをビビらせるつもりはなかったが、不正が見つかったときの悪影響をたっぷりと強調しておいた。学校が一旦不正を見つけたら、どんな厳しい処分を出すか。

わたしはさらに強調しておいた。こそこそするような人には永遠にならないで。彼らは聞いているのかいないのか、すでに心そこにあらずだった。初めて父母のもとを離れて過ごした大学生活で、初めての休みなのだから。今の時代、十八歳はまだまだ子供みたいなものなのだ。

最後の授業（その二）

ベルが鳴った。「授業終わり」と言って、くるりときびすを返して教壇のほうに歩いていった。すると、彼らの間から拍手が起こった。

教卓に置いてあった腕時計を手にする。いつもだったらこの時、教室に椅子や机の音が響き渡り、みなが教室を出ていくところだ。

振り向くと、彼らはじっと動かずにいる。まだまだ年若いその顔を見て、口を開いた。どうして帰らないの？　すると、彼らはやっと立ち上がり、荷物をまとめてわたしの脇を通って出ていった。こういう感じが大好きだ。また九月には二〇〇八年入学組の新入生に向き合うのである。

一組の学級委員が教卓までやってきて、へらへら笑いながら、首から下げたバッグの奥をかき回して、ロリポップキャンディを取り出してわたしにくれた。わたしはすぐにキャンディを口に含んだ。

島の夜空には、薄い白い雲がかかっていた。今日は二〇〇八年に入って三日目だ。

(34)「春運」：春節を故郷で過ごすための里帰りのこと。春節を挟んで前後二カ月、都会から故郷へと大量の人たちが移動し、列車やバスは通常の何倍もの人と荷物が詰め込まれ、圧死する人も出る。故郷への道を一日二日とかけて戻っていく人も少なくない。

純粋さ

学生たちはみな試験の準備に入り、運動場に座って勉強している学生も少なくない。わたしの授業はすべて終わった。

二〇〇六年入学の余青娥によると、同級生の中にはツアーガイド試験を受ける準備をしたり、会計士の試験を受けることを考えている者もいるとのこと。

夕方、帰宅途中に一人の教師に出会った。彼女が言った。あなた、彼らがそこまで純粋だと本当に思ってるの？

明らかに彼女はわたしの答えを待っている。

わたしは言った。わたしは、彼ら一人ひとりが純粋で透明なんだと信じてるわ、と。

それから十数日経って、わたしが教えた八十人のうち何人かが試験の最中にルール違反でつかまり、処分を受けたと偶然耳にした。それがだれなのか、名前を尋ねることはしなかった。わたしの授業に出ていたときの彼らはみんな、純粋で透明だったと信じていたかったから。

二〇〇七年十月十日－二〇〇八年三月三十一日　海南島、そして深圳にて

二〇〇八年一月十五日補足

インターネットで大学教育に関わる討論記事に、八文字だけのコメントが付いているのを見た。「教的痛心、学的反胃」（教えるのは辛く、学ぶのは吐き気がする）。聞こえは悪いが、これは現実だ。

この島の大学で、わたしはすでに演劇・映画・テレビ・文学専攻の作文の授業をまるまる三年にわたり教えてきた。「教えるのは辛く、学ぶのは吐き気がする」を身をもって感じているし、それはある意味、今日の高等学府における教育のやるせない現実を言い当てている。教えと学びの間には、完全な現実離れ、完全な遮断、完全に失われた信頼感しかない。そこにあるのはだれが正確であるということではなく、また同じようにだれが間違っているということでもない。このことがさらに大きな問題になって表れている。授業のやり方、授業の受け方の態度にも問題がある。教師はかつてのように真摯で真面目に疑問を解いて伝えるという使命を背負わず、若い学生たちもまた喜びたっぷり、娯楽たっぷり、気安さたっぷりを求め続けている。両者は知識の累積や、ある職業によってさらに深く厚く重苦しいものを究めていくということを軽視している。人文学科においては特にそうだ。そこにおいて、一人の人間の力はあまりにも微小であるけれど、それでもなにもできないわけじゃないとわたしは思っている。

第三章　「主役はわたしたちみんな」——二〇〇八年度講義

二〇〇八年は、以前にもまして学生たちと心と心で交流することができた。今でもふと、そのうちのだれかを思い出すことがある。

わたしにとっての変化は、彼らの言葉に丁寧に耳を傾ける時間が増えたこと。絶対こうだという意識を手放し、「自分こそ主役」から次第に「わたしたちどちらもが主役なのだ」と考えるように自分を仕向けたのである。

最も思い出深いできごとは、コレラの流行で学校が閉鎖されたことだ。彼らは「オリの中のトラ」気分に苛まれているのではないかと心配していたら、意外にもとても素直に、閉じ込められているという事実を受け入れていた。

「ある小さなできごと」の項で取り上げた授業で起こったことは、あとから考えれば考えるほど小さなことではなかったのだと気がついた。それは、わたしたちの目には見えていなかった、学生たちの日常の姿勢の一つが、ちょっとしたきっかけで本当の姿を表した瞬間をわたしが垣間見たのだ。

あのとき授業時間を十分も割いて行われた激論は、教師としてわたしが体験した、唯一の学生間の真剣な戦いとなった。彼らが具体的になにを言い争っているのか、なぜ突然彼らの熱い血が沸き起こったのか、わたしにはあまりよく分からなかった。それはまた、教師のわたしが唯一、学生たちに割って入り、また本気で腹を立てた経験ともなった。

ほかにも、「上課記」の本文中に書き込んでいないことがいくつかあった。

ある日、陳小力が席に座ったまま、わたしの言葉に続けてこういった。「せんせいはなぜ、いつも余秋雨[1]のことを悪く言うの？」

あれから三年しか経っていないが、〔この執筆時に担当している〕一九九〇年代生まれの学生でこんなふうに尋ねてくる子はもういない。十八歳の子供でも目が澄んだ子がいて、彼らもまた独自の判断能力を身につけているのだと考えさせられたできごとだった。それは、学生たちに「趨炎附勢」[2]と「揺身一変」[3]という二つの成語についてわたしの理解を語っていたときのことだった。

アメリカ映画「セント・オブ・ウーマン／夢の香り」について討論していたら、ある学生が真剣にこう言った。「この映画に出てくる高校生はリアルじゃない。彼があれほど惹きつけられ、守ろうとした相手は本当の友だちじゃなかった。そこに原則論なんか持ち出す必要はないはずだ」と。この学生はわざわざ立ち上がってこう言ったのだ。その真剣な態度に、映画が描いた誘惑に対する彼の残念な思いが見て取れた。

学期末が近づいた頃に回収したレポートの裏にこんな書き込みがあった。「せんせい、ごめんなさい。自分がますます純粋でピュアなところから遠ざかりつつある気がする。本当は自分もそんなことを望んでいないのに。ごめんなさい、せんせい、ごめんなさい、○○○（彼の名前）はもっと純粋でいたい」。

ある日の休憩時間に一人の女子学生が教卓のそばを通りかかって、「せんせいは「心相印」ブランドのティッシュしか使わないの？」と尋ねてきた。ちょうど他の人と話をしていたところだったので、彼女をきちんと見定めることもなく、「いいえ」と軽く返事をした。授業開始のベルが鳴った時、教卓の片隅にきっちりと「心相印」のティッシュが一つ置かれているのが目に入った。

ある授業の合間には、二〇〇六年に教えたことのある学生がおしゃべりをしにやってきた。彼女はポケットからくしゃくしゃになったメモを取り出した。それはコレラの伝染を防ぐために、学生たちが毎日三回、監督のもとで飲むよう義務付けられた薬の説明書だった。薬の名前は「塩酸ドキシサイクリン錠」で、取りまとめ役を任されていた学生がやったのは、パッケージから取り出した薬を配ることだけだった。だが、彼女はゴミ箱のそばでこの薬の説明書を見つけ、「自分がどんな薬を飲まされているのか、その薬にどんな副作用があるのかを知る権利があるはずだわ」とわたしに言った。わたしは、そのとおりよ、と答えた。

最初の授業

新入生の担当になったので、新学期早々のわたしはやることがなかった。入学したばかりの学生たちは軍事教練の真っ最中で、校庭のあちこちで彼らが武装ベルトを手に、周囲を見回しながらぶらついているのが目に入った。あの草緑色の装束がぴったりと身に合っている子はおらず、それが一人ひとりを大変な間抜けのように見せていた。わたしの学生も彼らの中にいるはずだ。

この年から、わたしの担当はみんな一九九〇年生まれの学生となった。「一九八九年に生まれた人はいる？」と尋ねても、手が挙がらなかった。これまで四年間教えた一九八〇年代はこうやって姿を

（1）余秋雨：上海出身のエッセイスト、小説家。二〇〇〇年代当時、若者たちの間で人気だった。

（2）趨炎附勢：「炎のように燃え盛る状況の後ろを追っかけ、その勢いに従う」、つまり「権力者に取り入る」「ゴマをする」の意。

（3）揺身一変：「身体を震わせて変身する」、つまり「豹変する」の意。

消した。

九月二十三日の夜が二〇〇八年度の新入生の初授業だった。彼らに次の四つの質問への答えを紙に書いて提出してほしいと頼んだ。そして、「自己意志だから、答えなくてもいいわよ」と付け加えた。質問は以下の四つだ。

1　あなたは県の中心都市よりも小さい村の出身ですか？

2　あなたが好きな本は？

3　あなたが好きな映画は？

4　この世界に真理というものが存在すると思いますか？

真理についての設問は、ずっとこれまで最初の授業では保留してきた。これまでの三年間はすべて挙手で答えてもらい、紙に書いて提出させたのは初めてだった。

四十六人のクラスから提出されたのは四十一枚、結果は以下のようなものだった。

最初の質問には二十四人が「県の中心都市より小さい村の出身」と答え、十三人が「違う」と答え、残りは無回答。

二番目、三番目の答えはたいへん雑多で、あげるときりがない。魯迅を挙げた人はそれほどおらず、余秋雨が魯迅より多かった。一番意外だったのは、プルーストの『失われたときを求めて』を一番好きな本に挙げた男子学生がいたことだった。好奇心から彼に声をかけたら慌てて、「まだ読み終えていないんです。ちら読みしただけ」と言う。彼の高校の国語教師が持っていた本で、彼のことを日頃から落ち着きがないと考えていた教師が、この本を読めば性格が磨かれると彼に推薦したのだそうだ。

この落ち着きのない学生はそう説明した後にさらに一言、こう付け加えた。「たいして面白くもない本だった、本当に。せんせい、あの本を書いた人ってなんかおかしいんじゃないですか？」

四番目の「真理を信じるかどうか」については、十一人が「分からない」と答えていた。「存在する」は十九人、女子学生が多かった。そのうち二人は「絶対に存在する」と答えていた。「存在しない」は十人、無回答が一人。あとになって調べてみると、無回答だったのは黄菊という学生だった。覚えやすい名前だったけれど、それから二カ月ほど経ってもこの名前と顔が一致しなかった。この黄菊については後ほど述べる。

最初の授業を終えたとき、自分がこのクラスを気に入っているのに気がついた。以前の三年間に比べ、彼らは利発で明るく、好奇心にあふれていた。拍手もよく起こったし、軍事教練を受けたのに心の中は削られておらず、疲れた様子も見せなかった。帰宅して集めた回答を丁寧に読み直して感じたのは、彼らの読書体験はかなり大ざっぱで、もしかしたら試験用の能力しかつけてきていないのかもしれないということだった。

文理科実験クラスへの引っこ抜き

聞くところによると、わたしが教える演劇・ドラマ・映画・文学専攻の一年生三人が文理科実験クラスに選ばれたという。

それは今年になって学校が始めた新しい試みで、全校の新入生から学生を選んで文系と理系の両方に通じたクラスを一つ作り、大きな未来を見据えるという計画なのだそうだ。

授業が終わり、その実験クラスに編入することになっている三人のうちの一人、曹昭明がわたしと一緒に芝生を歩きながら、何度も「〔新クラスに〕行くべきだろうか」と尋ねた。あなた自身はどう思うの？　とわたしは聞き返した。彼女は今のこの専攻が好きだし、クラスが気に入っているという。さらには将来、自分の最初のテレビ作品を撮る時はクラスメイト全員と一緒にチームを組みたいとまで思っていた。なのに、三回目の授業の前に、彼女はクラスから離れなければならなくなった。曹昭明はすでに法学部で実験クラスの授業に入っていた。

彼女は言った。「ぜんぜん違うんです。わたしたちの授業って、ほら、せんせいはわたしたちから集めたメモ用紙を見せながらおっしゃったじゃないですか。『こういうのが好きよ。長さがばらばらで、それぞれの人の個性が出てるわ』って。でも、法律の先生が宿題を集めたとき、わたしたちみんな怒られちゃったんです。その先生はこういったんです。『あなたたちが提出したものは一体なんなのよ、長さがばらばらで、全然まとまりがない』って」。

わたしは彼女のご実家はどう思っているのかしら、と尋ねた。曹昭明によると、遠い湖南省にいる父親は彼女が演劇・映画・テレビ・文学専攻に残ることにきっぱりと反対したそうだ。彼女は言った。「あっちの先生はわたしたちをバカにしているんです。『エリートでも幸運児でもないわよ、あなたたちは空から落ちてきたぼたもちを拾っただけよ』って」。

わたしは彼女に、そっちに残りなさい、いろいろ学べるはずだから、と諭した。彼女は口を尖らせて去っていった。

数日後、また彼女に会った。彼女は言った。「わざわざ湖南を離れて一人で海南省にやってきてから泣いたことがなかったけど、この実験クラスに入ってから泣いちゃいました。退屈過ぎてなんの意味も感じないんだもの」。十一月、彼女はわたしたちの教室の後ろに現れ、授業が終わってからわたしに、「あっちの授業をサボっちゃいました」と舌を見せた。十二月に芝生の上で授業をしていると、彼女はもう一人、やはりわたしたちのクラスから転出していった同級生を連れて授業を聞きに来た。「エリートしか入れない」実験クラスでも、だれしもがそれに馴染めるわけじゃないようだ。

ニュース

今年も授業に、ニュースについての簡単な意見交換の時間を取り入れた。彼らだって現実から乖離した、死んだような内容の教科書ばかりを学んでいて良いわけがない。今年はちょっと手法を変えてみた。前の学期ではわたしが一人でしゃべっていたけれど、二〇〇八年は皆で語り合う形にしたのだ。もっと参加させたいというのが目的だ。

変化のきっかけは九月二十三日の最初の授業で、わたしがあるニュースを読み上げたことだった。九月二十二日、衛生部[4]が「三鹿粉ミルク事件[5]」の被害幼児は全国で五・三万人だとする調査結果を公表したのだ。すると、女子学生の一人がそれを受けてふと言った。「乳児の話じゃん」。

彼女が言わんとしたのは、「そのニュースは大学生とは関係ないこと。対象は乳児だけだし」という意味だった。わたしはすぐに彼女のその発言を指摘した。「乳児だって人間ですよ。少なくとも責

(4)衛生部：衛生厚生事業を担当する国家機関。日本の厚生労働省に相当。
(5)三鹿粉ミルク事件：二〇〇八年、乳製品企業「三鹿」グループが生産していた乳児用の粉ミルクに、プラスチック生産に使う工業用のメラミンが混合されており、それを飲んだ子どもたちに腎臓疾患を引き起こしていたという調査報道がきっかけで暴露された。政府が公表しただけでも全国で治療を受けた子どもは約四万人、報道時点で入院している子どもは一万人以上で、記事発表時ですでに死者は四人。これをきっかけに、メラミンが

任感のある知識人は自分以外の世界に無関心でいてはだめなのよ」。その授業で決めたのだ、今後の授業では十分間割いて、みんなでニュースに対する意見を言い合うのに使おうと。

時間は短く、発言できる人も少ないが、たくさんの学生がノートにニュースをメモしてきているのに気がついた。一方で次第に手抜きをして、直接「環球時報」[6]を一部持ってきて、それを読み上げるという手法を取るようになった子も出てきた。だが、斉仙姑がいつも自分の選んだ重要ニュースをノートにメモしてきているのを知っていたので、それからは授業の最初に「仙姑、まずはあなたから」と言うようにした。

わたしは、常日頃から身近なニュースや事件に注目するように仕向けようとした。それが自分と関係がないなんてだれに言えるの？　孫志剛事件だって……と言ったところで、教室から「孫志剛ってだれ？」という声が上がった。四十人あまりの学生のうちだれ一人として彼を知らないとは。

すでに三年生になっている余青娥が、一年生の授業を聞きに来た。授業間の休み時間に、彼女と一緒に廊下の欄干のところで海風に吹かれていたときのこと、それは二〇〇八年十月二十二日だった。父親が福建省福州市で廃品回収をしていて、最近の金融危機の影響で買取額が大幅に下がってしまい、金儲けが難しくなったと電話で言っていたと、彼女が言った。そこで始業のベルが鳴り、わたしはクラスの学生たちに言った。「あなたがたの先輩、余青娥に会うまでは、金融危機なんて自分たちにとってただの新聞の見出しと情報でしかなかったでしょう。でも、彼女の話を聞けば、この危機が本当に具体的に一人の普通の中国人に影響していることが分かる。ニュースとはわたしたちとまったく関係のないところで起こっているわけじゃないのよ」。

ある男子学生は軍事にことのほか関心を持っており、逆に日常ニュースにはあまり注意を払っていなかった。十二月下旬、学級委員がみなに「学校の図書館の本を借りれるようになりました。一人一回につき十冊まで、貸出期限は一カ月です」と伝えた。だが、学級委員が着席しても教室内からはなんの反応もなかった。まるで図書館は彼らとなんの関係もないかのように。

学期末が近づき、学級委員がまたニュースをもたらした。「農業銀行がぼくらへの就学ローンを断りました。その理由はぼくら学生のせいで、我が校の返済率が五〇％を切っているからだそうです」。すると、学級委員がまだ腰を下ろさないうちに教室中から不安の声が上がり、議論が巻き起こった。だが、数分後にはまたシーンとなった。

特に時事や政治ニュースに関心を持っている学生もいた。十一月二十日夜の授業で、興味があったら雑誌「求是」(7)のある記事を読んでみてちょうだい……と言った。するとわたしが話し終わらないうちに、陳小力が大きな声をあげた。「いい記事ですよね！」、授業が終わってすぐに彼に尋ねた。「あの記事を読んだの？」。彼は何度も英語の本のページを繰りながら、お気楽そうに顔を上げて言った、「読んでないです」。

混合していたのは三鹿グループ製品だけではなく、大都市で一般に流通していた大手乳製品にも混入していたことが明らかになり、一挙に中国国内の乳製品不信が吹き出した。その後、海外から粉ミルクを大量に買い付ける人たちが出現する。

(6)環球時報：中国共産党中央委員会機関紙「人民日報」が運営する大衆紙。共産党の意図を汲んでイデオロギー丸出しの外国叩き記事を多く掲載。価格が総合紙に比べて安めに設定され、幅広い層へのプロパガンダを目的としている。

(7)雑誌「求是」：中国共産党の発行する雑誌の一つ。

わたしはこれは事件ではないかと思うのだが、彼らはいたって正常なことだと考えている。後になってわたしも、もうこのことについて尋ねなかったし、口に出したくもなかった。

ちょうどコレラ騒ぎのときだった。十一月四日の夜の授業で教室に入るやいなや、学級委員がやって来て、ちょっと時間をもらえないだろうか、と言った。きっとなにかの通知だと思い、二コマ目の十分間を彼に差し出した。二コマ目に入って彼が数分間時間をもらったと言うと、クラスの雰囲気が豹変した。学生たちの表情は授業とは大きく違い、非常にピリピリと重苦しいムードになり、なにか大きなドラマが始まるかのようだった。

学級委員が、みんな、自由に発言してほしいと言うと、続けざまに陳小力、学級委員、さらに男子学生が三人、女子学生が二人発言した。その声は怒りを含んでいて、なにかの枠を争っているようだった。ある子がそれはインチキだと言って、ある子が解説し、ある子が辞退する。わたしはなんども時計を見つつ、腹を立てていた。ちょうど十分が経つと、しゃべり続けようとするところに直接きっぱりと割り込んで、約束の時間が過ぎたわ、と言った。教えるようになって四年目にして、わたしは初めて学生に腹を立てた。ここは大学なのよ、きちんと学ぶべき場所よ、汚らわしいものをこの神聖であるべきところに持ち込まないでちょうだい。あなたがた一人ひとりが澄み切ったピュアな人であってほしいわ、と言った。彼らの張り詰めたムードをわたしが叩き壊したことで、彼らの一部の耳にはわたしの「神聖」な発言は入らなかったようだった。もう一部は自分とは関係ないこと、という顔をしつつも、野次馬気分がわたしによって中断されてしまい、しらけていた。

彼らがなにを言い争っているのかに耳をそばだてる気はなかった。わたしだって学生だった時代がある。最初の一分でこの小さな揉め事の本質を理解したから、その枝葉末節を理解したいとは思わなかった。わたしだって本当はそんなきれいで神聖なところなんてないということは分かっている。だが、彼らはまだ若い。まだ二十歳にもなっていないのだ。その年齢の彼らにはある種の幻想を残しておきたかったし、きっとだれかは世の中には静謐で単純なものがあると信じるはずだ。でなければ、未来をどうやって救うのよ?

ベルが鳴ると、授業の間ずっと悶々としていた学級委員がわたしに走り書きを手渡して、さっと去っていった。そこにはこう書かれていた。「ごめんなさい。ますますよく分からなくなってしまいました……」。学級委員がいなくなってからわたしは彼の座っていた机のそばを通りかかると、そこに一枚のくしゃくしゃになった紙が残っていた。それを取り上げると、上に手書きでこう書かれていた。「意気軒昂、慷慨激烈、酔翁之意不在酒〔酔っぱらいの狙いは別にある〕、弁論、喚き立てる……」

拍手

わたしはずっと分からなかった、彼らがなぜあんなに拍手することに夢中になれるのかが。最初の何回かの授業で、わたしがなにか提案したり、彼らが即興的に発言したり、あるいは授業開始宣言だろうが授業の終わりだろうが、彼らにはいつでも間髪入れず拍手する態勢が出来ていた。まるで、それによって笑いをさそい、そのことに自分が元気づけられたいとでもいうように。わたしはなんとも奇妙な気分だった。

一時はそれを、今の若者たちは明るくて、頭の回転も速くて、授業に期待しているからなのだろう、と考えたこともあった。だが、クラスの四十五人のうち、自らこの専攻を希望してきた学生はわずか十五人ほどで、その他はみな別の専攻希望だったのに配分されてきたのだと知った。

彼らがもともと希望していたのは、法律、経済、外国語などの人気の高い専攻だった。席に座って元気に拍手しているときも、彼らは心の中でどうやって専攻を変更しようかと考えていたのかもしれない。

学期末になってから初めて、クラスの中に六〇〇〇元の学費を納めることができない学生がいることを知った。授業料を滞納している学生には期末テストを受ける資格が与えられないという。その中には、冬休みに家に帰ろうにも列車のチケットが買えない子もいた。彼ら一人ひとりが抱える苦労や苦悩、そしてもややもやは少なくないはずだ。それでも、顔をあげて熱意たっぷりに拍手することには影響しないようだった。授業の間、教室から聞こえてくる拍手は異様なほどに熱烈で歓喜にあふれており、ちょっとしたことで盛り上がり、ある種の励ましの効果さえ持っていた。教師であれば、その効果に反感を持つものはいないはずだ。だが、わたしはいつも疑問だった。

最初に長い拍手を受けたのは、陳小力だった。

あの日、陳小力はまずニュースを一本読み、それに続けて即興で「中国は腰を低くして、その才能をひけらかさずに台頭していくべきだ」というスピーチをした。それはテレビの「大学生弁論大会」のようなリズムと声調のスピーチで、情熱たっぷりの三分間だった。その間、彼は教卓に向かってではなく、教室の一番前の席から後ろの学生たちに向かって論じ続けた。聞いている学生らもまた、その「情熱的なパフォーマンス」に似つかわしくふるまっていて、話すスピードはだんだん速くなり、興奮も高まり、拍手が四方から起きた。雷鳴のような拍手は陳小力が着席するまで続いた。このとき、彼はまた立ち上がり、教室の後ろのあちこちに向かって手を振り感謝の意を示し、それがまた熱烈な拍手を引き起こした。

あるとき、林楽慶がニュースを取り上げたとき、こんなコメントを挟んだ。「みんな、ぼくらの嫌いな国に、アメリカ、日本のほかに、インドネシアを加えるべきだ。ぼくは最近初めて、中国人排斥の歴史があったことを知った。証拠はこのぼくの携帯電話の中にある。みんな、シェアしあって見てくれ」。

ここまで言って、彼は手元の携帯電話をクラスメイトに手渡した。そして、林楽慶は、民族が強くなれば負けないはずだといった大げさな言葉をつかってそれを締めくくると、教室からはこれまた「雷鳴のような」拍手が起きた。林楽慶が座っても拍手は続き、彼の目はらんらんと輝き続けた。授業が終わって、彼はクラスメイトの手にあった携帯電話をわたしに手渡し、「せんせいも知っておいたほうがいい。写真を見るだけでもいいから。たくさん見すぎると気持ち悪くなるよ、後ろのほうの写真は血生臭くてショックを受けるかもしれない」と言った。一九九〇年代に生まれた林楽慶くんったら、わたしたちの世代の人間をまったく理解していないようだ。わたしたちがそれを見たことがないとでも？

陳小力や林楽慶のそんな姿から、集団が放つこうした反応に、わたしはことのほかピリピリするようになった。わたしの記憶では、こうした音声はラジオや大きな集会独特のものだった。感情を高ぶらせて強がり、拒絶できないような絶対的などよめきを生む。

最も拍手が起こりやすい話題はほとんどが民族と関係するものだった。さまざまなメディアがカルフールに対するボイコット[8]を報道するとき、学生たちは「ボイコット」という言葉が出るたびに熱烈

（8）カルフールに対するボイコット：カルフールはアメリカの大型スーパー。あまりにもよく知られているために、反米ムードが高まったときによく標的にされた。

な拍手を送った。

それが落ち着いてからわたしは尋ねた。「カルフールのボイコットに同意しない人はいる?」。すると、すぐに大きな声が飛んだ。「いませんよ」。わたしは「同意しない人は手を挙げて」と言った。その時授業に来ていた四十一人のうち三人が手を挙げた。その中に趙朝挙がいた。授業が終わってから彼に「なぜボイコットを支持しないの?」と尋ねたら、彼はこう答えた。「カルフールの従業員は中国人で、売っているのは中国の製品で、買い物しているのも中国人で、ボイコットといっても自分たち中国をボイコットしているだけだから」。

ちょうどその話をしていたとき、女子学生二人が近づいてきたので尋ねた。「あなたたちはボイコットに賛成なの?」。彼女たちは笑うだけだった。あなたたちも拍手していたじゃないの、と言ってもやはり笑うだけ。「なぜ拍手したの?」と尋ねたら、真っ白な歯をした女子学生が言った。「分かんない」。なんだ、分からない状態で拍手しているの。

林楽慶には特に注意を払って観察した。彼はときに座ったまま他の人がニュースを発表するのを聞き、それが民族問題に関わると、うつむいて真っ赤な顔になり、息を荒くしていた。前に立っているわたしにそれがはっきり分かった。この黒龍江省(9)からやってきた男子学生は一人でもだえているのである。思わず笑いがこみ上げてきて林楽慶のほうを見たら、学生たちも彼を眺めて、すぐにまた拍手が起こるのだった。その拍手って彼が怒りにもだえているのを激励しているのかしら? ある日授業が終わってから、彼がやってきて言った、中国人がいじめられるのが一番我慢ならない、と。

東北出身の林楽慶は、日本人に対して根深い固定観念を持っていたが、そのことは彼が日本語を独学するのを妨げる理由にはならないようで、口語を学ぶのに都合がいいからとすぐに日本人留学生と友だちになっていた。彼は外交的な性格で、おしゃべりが好きだった。「日本人ってなんであんなにぼけっとしてるんだろう。せんせいだって、やつらがあんまり頭使ってないってこと、知らないでしょ」と言う。「なぜ日本語を勉強するの?」と尋ねたら、こう答えた。「ぼくらの東北では日本語が使えると便利なんだ。日本に働きに出ることができるかもしれないし。あっちでは給料が高いんだよ。せんせい、知らなかったの?」

丁伝亮もよく拍手を受ける学生だ。学期の前半はそれほど目立たなかったが、だんだんみなの前でいろんなニュースを紹介したがるようになった。彼が伝えるニュースは読んで終わり、という味気ないものではなかった。いつも一言二言評論を加えた。それは必ず短く明快で、まるで彼の独り言か、心の中の独白のようだった。

ある時、彼が取り上げた金融危機の影響についてのニュースに、春節の帰宅ラッシュはまだ始まっていないのに、もう農民工〔出稼ぎ農民労働者〕がいつもより早く帰郷を始めたとあった。そしてそこまで読むと、ニュースを書き込んでいたノートをくるりと巻いて、彼が突然一言言った。「「農民工」って言い方はイマイチだ、「外来務工人員」〔外来労務者〕というべきだ。「農民工」という名前は良くない」。言い終わると、彼は着席した。教室内に笑い声と拍手が同時に起こった。わたしは心の中で思った。「丁伝亮よ丁伝亮、この二つの呼び方にどんな本質的な違いがあるっていうの?」。

休憩時間に都会出身の女子学生に、「なぜ丁伝亮に拍手したの?」と尋ねたら、彼女は「彼のおしゃべりがとっても面白かったから」と答えた。

もし「一言堂」〔鶴の一声〕が中国の大学授業における常ならば、拍手とは学生たちが発言する以外

（9）黒龍江省：中国最北の省で、大学のある最南端の海南省とは直線距離で三五〇〇キロ離れており、黒龍江省を含む東北地域の人たちは東南アジアに近い海南省など南方地域よりも保守的であることが知られている。

にその主体性を示せる最も楽しい手段なのだろう。拍手、それは整然とした効果を持っている。もしかしたら彼らは十二年間の教育によって、ことのほか自分の民族を愛しているのかもしれないし、彼らはただ集団儀式を借りて自分を奮い立たせる必要があるのかもしれないし、あるいは彼らはこうした集団的動作に栄誉や安心感を感じることができるのかもしれない。さらにかなりの場合において、拍手は機械的で、無意識な拍子打ちでしかなく、頭を使って拍手をしているのではなく、ただ周囲のムードに合わせて自分と他人が同じことをしてみせているだけのこともある。

次第にわたしも、彼らの拍手の中に風刺やからかい、笑い、失敗、「いいかげんにしろ」などといった、隠れたさまざまな意味があることを感じとることができるようになった。学期の後半にはそんな状況がよくみられた。

彼らがそんなに民族問題に関心があるのならと、わたしはサルトルが第二次世界大戦時のフランス人の境遇を描いたエッセイ「ナチ占領下のフランス」をコピーして彼らに渡し、そこからの一段落を彼らに読んで聞かせた。

教室は静かで、拍手はなかった。そして、最近探し出した海南島の歴史資料で、日本軍による海南島占領の記録を彼らに紹介した。

「一九三九年二月十日、日本軍兵士三千人が傀儡政府軍三千人を連れて夜に乗じて瓊州海峡を渡って海南島に上陸した。当時、中国四大古砲台の一つとされていた海口秀英砲台にはサビだらけの旧式のドイツ製大砲がいくつかあった。しかし、すでに半世紀も放って置かれていたために、日本軍が海を越えて来たときに街中を探してもドイツの大砲を撃てる者がおらず、とっくに退役した清朝時代の老兵を慌てて担ぎ出した。当時の言い伝えの一つによると、老兵たちはわずか百個あまりの砲弾で日本軍を遮り、海口市から上陸するという計画をさらに遠いところへと変更させて数十分ほど時間を稼いだが、最終的に日本軍はスムーズに上陸できたという。聞くところによると、占領後四日目、海口市の街は正常さを取り戻し、店は営業を始め、新聞社は新聞を出し始めた。占領者である日本海軍司令部は以前の海南大学の所在地に置かれた」。

わたしは彼らに言った。わたしが探し出せた歴史記録は明らかに不足しすぎで、詳細は不正確かもしれない。できれば、今後彼らが新しい発見と補充をして真相を探し出してほしい、と。このとき、拍手は起こらなかった。

この学期の最後の授業で、わたしは言った。「たった四カ月にもならない時期を一緒に過ごしただけなのに、あなたがたが成長して心にいろんな思いを抱えているのが分かったわ。自分の頭を使ってものごとを考えることを覚え、最初の授業の時のような、軍事教練で真っ赤に焼けた顔を見せて呆けたように笑っていた、小さな子供たちとはもう違う。わたしはしっかりと、あなたたちがこの国の最も若き知識人となったのを見届けたわ。皆さん、おめでとう」。

ここでも熱い拍手は起こらなかった。それがわたしにとってこの学期における最大の慰めとなった。

学級委員

学級委員の彼に最初に感じたのは、点呼に熱心な子だなということだった。特に突然点呼を始めるのだ。二度ほど点呼の最中に授業開始のベルが鳴り、残念そうに中断して「授業を始めましょう」と言った。わたしは思わず尋ねた。「学校が点呼しろっていったの？」。すると彼は「違います」と答え、「自分で決めたんです。だれかが授業をさぼらないようにするためです。事前に防ごうと思って」と言った。

授業で初めてグループ別討論をしたとき、わたしが「討論」と言うやいなや、学級委員はさっと立ち上がり、短くキリッと号令をかけた。「各グループは準備開始、一分以内に完了させて。音を立てずに」。この物言いに、まるで教室の中に軍人がいるみたいだなと感じた。わたしは妙な気持ちになったが、口には出さなかった。

ある休憩時間に学級委員がわたしに尋ねた。「せんせいは大学生の自由をどう思いますか？」。「大学生はもっと自由であっていいと思う。高校生のような考え方を大学に持ち込むことには賛成しない」と答えた。そのとき脳裏に浮かんだのが、彼の点呼だった。彼はそれに反論はしなかったが、明らかに納得いかないという表情を浮かべていた。そしてくるりと学生たちのほうを振り返って言った。「みんな、ぼくらにとっての自由ってなんなのかを討論しよう」。教室の中でわっと声が上がり、だれかが「自由っていうのはやりたいことをやれること」と言ったかと思うと、だれかが「自由って質問に答えたくないときに答えないことだ」と叫んだ。

真剣な答えが返ってこず、学級委員はだんだん不機嫌になった。それでも、「みんなもっともっと言ってみろ、ぼくら大学生はどんなふうに自由を考えるべきかを」と言い続けた。授業開始のベルが鳴っても彼は突っ立ったまま、だれかの答えを待っていた。後ろの席の学生が彼を引っ張り、「授業だよ」と声をかけた。それに続いてだれかが「授業の時間だ！」と叫ぶと、彼はしぶしぶ着席した。それでも座りながら身体を半分ねじって同級生たちのほうを向いていたが、わたしが「始めるわよ」と声をかけると初めてこちらを向いた。この授業の間、彼は上の空だった。自分の席で悶々としていた。

二カ月後、学級委員の口ぶりにはっきりと変化が現れた。号令が減り、口数も減った。突然点呼することもなくなった。あるとき、授業中に机に突っ伏している彼を見て、風邪でもひいたの？　と声をかけると、力なくうなずいた。

あるとき、彼に映画のディスクを渡す約束をした。朝七時、南の島の透き通った陽光の中を彼はハイソックスとスポーツシューズを履き、汗びっしょりの顔でにこにこしながら走ってきた。それを見て、「まだ子供なんだわ」と感じた。毎朝六時過ぎに起きてランニングをするのを欠かさないのだそうだ。国慶節の連休(10)が終わった時、学級委員はわたしたちに彼が見た海の話をしてくれた。

「海は青いって聞いてたけど、ぼくはこの歳になるまで海を見たことがなかった。今回の休みにわざわざ白沙門まで行ってきた。海水を手にとって見たら、水は全然青くない。西海岸にも行ってみたけど、海水はやっぱり青くなかった。なぜ海の水は手に取ると青くなくなるんだ?」。

そう語り終えても彼は座らなかった、まるでだれかの答えを待っているように。教室は笑いの渦になった。

あるとき、「まだ映画館に行ったことがない人」と教室で尋ねたら、四十一人のうち六人が手を挙げた。そのうちの一人が学級委員だった。映画「非誠勿擾(11)」のプレミア上映のチケットをもらったので彼に二枚ともあげた。すると映画館にいる彼からメッセージが届いた。「せんせい、初めての映画館体験をさせてくれてありがとう。映画はとてもおもしろかったです」。

ちょっと残念に感じているのは、山東省からやってきた学級委員の郭新超の、初めての映画館体験が「ニュー・シネマ・パラダイス(12)」だったらもっとよかっただろうということだ。

(10)国慶節:十月一日の建国記念日のこと。この日から中国では一週間のゴールデンウィークに入り、「国慶節」は建国記念日そのものよりもその連休を指すことも多い。

(11)「非誠勿擾」:人気映画監督馮小剛の作品で、邦題は「狙った恋の落とし方」。北海道を舞台に展開するロマンスコメディで、映画のロケ地になった北海道ブームを巻き起こした。

(12)「ニュー・シネマ・パラダイス」:一九八八年公開のイタリア映画。イタリア人中年男性が映画に魅せられた自分の過去を振り返る物語で、映画ファンにはたまらないエッセンスがつまった作品。

部屋の片隅で

これまでと同じように、学生のうち三分の一は朴訥で言葉が少なかった。学期が終わるまで、わたしは自然かつ適当な手段で彼らと言葉を交わすことができなかった。教室は前後それぞれにドアがあり、教師は普通、前のドアのあたりを動き回る。授業終了のベルが鳴ると、黙々と荷物を片付けて、さっさと後ろのドアから出ていく子たちが確実にいる。

わたしたちの学生はほとんどが農村出身で、うち半数以上の子たちは親が長年故郷を離れて出稼ぎに出ている。子どもたちは一人故郷に残されて、勉学に勤しみ、大学入試に備えてきたのだ。毎年の学生のうちで、自分から演劇・映画・ドラマ・文学専攻を選んだという子は一〇%にも満たず、残りはみな他の学科を希望したのに回されてきた子である。積極的な子ならあごを教卓に載せてこう尋ねてくる。「せんせい、この専攻で将来なにができるんですか？　将来性はあるの？」。しばらくしてくると、約半分の子が次第にこの専門を好きになってくる。その理由は「面白い」からだろう。

時事ニュースを討論し、ハリウッドのテンプレート化を討論し、大ヒット映画「クレイジー・ストーン～翡翠協奏曲」(13)を討論し、いままさにその原始的な活力を失いつつある成語について討論する。彼らのような中国における最も若い知識人たちには、個人の視点を表現することに熱心な子は少なく、それと同時に同じ教室内にはそれでも寡黙なグループが、まるで教室の後ろに置かれた道具のように座っている。わたしは教師の権威を乱用することが大嫌いなので、学生に絶対になにをしなければならないなどと強要はしないが、だからこそ、わたしはそんな彼らの一人ひとりと接触するチャンスを見つけられないのかもしれない。

孤独で言葉少ない中で最もしゃべらず、最も人にかかわろうとしない女子学生がいつも数人いる。静かに教室に滑り込み、じっと教室の後ろの端っこの席でこうべを垂れ、作文を提出する時は自分の紙を裏返しにして、他人の作文の間に挟み込む。

それは、好奇心丸出しで野心たっぷりに、ときにはわざと議論を吹きかけてくる男子学生たちに比べて、彼女たちを一九三〇年代の授業に放り込んでも、着ているものが違うこと以外、きっと違和感を覚えないだろうというほどだった。

男子学生たちの一部からはもっと社会のスピードに追いつきたいという意欲が感じられる。彼らはまさに心でなにかを企みつつ、都合のよい空間はないかとぬかりなく、上にへつらい、チャンスを握ろうとしている。だが、大学一年の女子学生は活発であろうと無口であろうと、男子学生よりもっとピュアでクリーンな、ある種「おバカ」な理想主義をまだ滲ませている。長年の厳しい教育のせいというより、もっと女性的な遺伝子からくるものだろうとわたしは思う。

昨年はこんなことがあった。授業が終わると、ある女子学生がさっと教卓を通り過ぎながらメモを置いた。とっさのことで彼女の姿を確認することもないうちに彼女は飛ぶように教室を出て行った。紙にはこう書いてあった。「せんせい、うまく書けている作文ばかり講評せず、出来の良くない作文

（13）「クレイジー・ストーン～翡翠協奏曲」：原題は「瘋狂的石頭」、監督は寧浩、二〇〇六年の大ヒット作品。強制立ち退きや不動産狂乱という当時の社会背景の中、ある高価な翡翠を巡って展開されるドタバタコメディ。

も批評してください」。それに触発されて、それからわたしはできるだけ多くの作文を講評するようにした。あのメモをくれた学生を目で探すと、それは最ももの静かな学生の一人だった。

二〇〇八年末、学期がそろそろ終わろうとする頃、見知らぬ電話番号から立て続けに七本のメッセージが送られてきた。それはこんなものだった。

せんせい、鄭××です。わたしがだれだか分かりますか……わたしの母は単細胞で大した教育も受けておらず、抽象的なことを考える余裕も能力もありません。その彼女にわたしが「勉強なんてもういや、頭がぼんやりしてるの」と言ったとき、「おまえはなんにも分かってないんだね」とぽつりとつぶやきました。そして言ったんです。「あのね、勉強しなきゃ将来はないんだよ」と。そんなこと、わたしだって分かってる。聞きたくないのに。わたしはほとんど家に電話をしません。だって彼女がなにを言うか、予想できるからです。彼女にとって、わたしは健康なままで存在していればいいのです。もちろん、母のことは大好きだし、恨んでなんかいませんが。でも、彼女と語り合えないんです。わたしの言っていることに耳を傾けてくれる人を探し求めているのに、わたしが話したいと思える相手が見つからない……。

どんな顔だったか思い出せないような学生が、これほどまでセンシティブな思いを抱えているとは。以前、冬休みのできごとをわたしに送ってきてくれた余青娥という学生に触れた。彼女は日頃ほとんどしゃべらないけれど、彼女の文字は多くの大事なことをおしえてくれた。

よそに出稼ぎに出ている両親が春節の大晦日の夜に、やっと都会の小学校に通う弟を連れて実家に戻ってくること。雪を踏む足音を耳にしただけでそれが両親であると聞き分けられること。当時空はもう真っ暗で、家に入ると汗びっしょりになって厚い綿の入った服を弟が脱ぎ、そこに巻きつけられていた膨れたストッキングを身体からはずすと、中にはお金が詰まっていたこと。ストッキングの片方に詰め込まれていたのは両親がその一年に稼いだお金で、もう一つには親戚に頼まれて彼らが持ち帰ってきた、新しい家を建てるための資金だった。そんな生々しく、またおかしくも悲しくもある情景を、都会暮らししか知らない作家がどうして想像できるだろう？　余青娥の実家は江西省にあり、祖母はいまだに彼女の両親に「彼女に勉強させたらダメだ、女が大学に行ってどうする、あんなにたくさんお金を使って……」とぐちを言っている。老人はこぼし続ける。「青娥の下には弟がいるんだし、大きくなったら学校に上がって結婚もしなければならない、その学費はもっと早くからためておかなければいけないのに」と。

わたしは彼女のこの作文を雑誌に推薦した。二〇〇九年初め、まだ重苦しい寒さに包まれていた中で、余青娥からのメッセージを受け取った。そこには「原稿料を受け取りました、手にしたお金はもったいなくて使えません」とあった。

学期末に、ある四年生の女子学生が訪ねてきて、彼女の書いた短いエッセイを何本か見てもらえないか、どこかに投稿して仕事につくときの経験にしたいからと言う。彼女は二〇〇五年にわたしの授業を三カ月ほど受けただけで、その後はなんの行き来もなかった。「卒業生向けの就職相談会には行ったの？」と尋ねると、「行ったけど……」と自信なさげに答えた。「この歳になるまであんな場を体験したことがなくて、うまく話ができなかったんです。履歴書もたくさん準備していったのに、足が前に進まなかった」と言う。それを聞いてわたしはびっくりした。「前に進まなくちゃ。仕事があなたのところに転げ込むことはないんだから。仕事はあなたが自分から探さなくちゃ。自分で自分を養うつもりにならなくちゃ」。

別れる時、彼女は請うように言った。「せんせい、プロの目でわたしの文章を読まないで。わたしが書いたものはとても幼稚だってこと、分かってるから」。わたしは答えた。「もしあなたが今まだ大学一年生なら、わたしは当然教師としての目で読むわ。でも、あなたはもう卒業するのよ。プロの目でそれを読む以外わたしにはできないわ」。

この学生は楊秀碧、四川出身の学生だった。二〇〇九年の時点になっても仕事が見つかったのかどうかは分からないままだ。

教師が嫌い

偶然目にしたある大学生フォーラムで、教師に関して書かれた書き込みを目にした。そこに書かれたコメントに、「わたしは教師が嫌い」とあった。

今日の大学生活で、一人の学生がその身分を隠した上である教師を好きだといえるかどうかは、大変シビアな話である。わたしだって学生のときはそうだった、教師はだいっきらいだった。

でも、教師は「わたしは学生が嫌い」とは言ってはならないのだ。特に、今のわたしは。

黄菊のこと

あの夜は授業がなかったのに、担当クラスの学生から突然とても慌てた声で電話があった。他の女子学生数人と一緒に海口駅にいると言う。クラスの黄菊が退学し、陝西省の故郷に帰って再び大学共通入試に挑戦すると、列車に乗ってしまったのだそうだ。だが、その時になってふと「故郷の高校に再入学して入試準備をするなら、大学所在地に一旦移した戸籍[14]を故郷に戻さなければ高校にも入れない」という話を耳にして、慌ててわたしに助けを求めてきたのである。わたしには戸籍移転のことはまったく分からず、さらにはクラスに黄菊なんて子がいたことも記憶になく、彼女たちと一緒になって慌てる以外なんの手助けもできなかった。電話はかしましい大騒ぎの後切れてしまった。

わたしは一所懸命その学生を思い出そうとしたが、見つかったのは最初の授業で受け取った、「黄菊」と署名のある回答用紙だけだった。あの日わたしが出した「一番好きな本」という課題に、彼女は「路遥[15]の『平凡な世界』」と書いた。また、好きな映画は？　という問いには、「背著爸去上学[16]」と答えている。その二行だけ大変整った文字で書かれていた。農村からやってきたかどうか、真理を信じるかどうかという残りの二つの問いかけには答えていなかった。

翌日、教室に入るやいなや黄菊のことを尋ねると、学生たちは「もういないよ」と声を揃えた。ニュースを取り上げる授業では、周坤婷が立ち上がって言った。「わたしたちのクラスのニュースについて話したい。黄菊が退学してしまった。それを思うたびに心がかき乱される。農村から女子学生が出て来るのは並大抵の苦労ではないのに。わたしたちの決定一つひとつはそのまま一生に影響する

(14) 大学所在地に移した戸籍：中国では当時、生まれた土地の戸籍を他所に動かすことがほぼできず、勝手な移住を規制する手段となっていた。当時庶民が戸籍を移動させる僅かな手段が、大学に入ることか軍隊に入ることで、その所在地に戸籍を移すことができた。学校や軍隊を辞めたり、卒業するとまた戸籍は元の所在地（あるいは就業先の都市で戸籍を取得できる場合はそちら）に移す手続きを取る必要があった。

(15) 路遥：一九四九年生まれ、中国の小説家。『平凡な世界』はその代表作で、一九七〇年代から八〇年代の陝西省北部高原の農村家族らを描いた作品。一九九一年茅盾文学賞受賞。テレビドラマも製作されている。

(16)「背著爸去上学」：一九九八年、貧しい農村の子どもがケガをして身の回りの世話をしなければならない父親を背負い、学校に通ったという甘粛省で実際にあった話を題材にした映画。

ことなのよ」と彼女は泣いた。教室内がとても重苦しいムードに包まれた。

国内外の大ニュース以上に、あの日の午前はわたしたちの心に黄菊の別離が大きくのしかかっていた。そのころには彼女を乗せた列車はもう中原地区(17)に着いていたはずだった。わたしは言った。「そんな簡単に退学なんてしちゃいけない。こんな重大な決定はできるだけ多くの人たちの意見を参考にするべきだわ。入試を受け直すなんてあまりにも無謀なことだし、入学した専攻が嫌いなら、その専攻を変えるための努力をすればいいだけよ」。もちろん黄菊の耳には届かないのだが。

一週間後、学級委員が喜び勇んでやってきて、「黄菊が帰ってくるって。もう列車に乗ってるって。高校に入学申請したけど拒否されて、数日考えて戻ってくることにしたそうです」と報告してくれた。学級委員は続けた。「せんせい、次の授業のときには、彼女の顔を見れますよ」。

その次の授業のとき、わたしはわざわざ、小さなココナッツキャンディ(18)の包みを持っていった。でも黄菊は来ていなかった。その次の週の休憩時間、小柄な女子学生がゆっくりと近づいてきて言った。

「せんせい、黄菊です。キャンディ、どうもありがとう」

ああ、この顔か。見覚えがあった。でも、それが黄菊だとは知らなかった。だからこそ、その彼女がなにを考えているかなんて知らなかった。続けてわたしの口から出てきたのは役にもたたないくだらない話で、彼女は黙ってそれを聞き、そして黙ったままうなずいた。始業のベルが鳴ると、彼女はまた後ろの席へと戻っていった。そして、まるでなにごともなかったようにそこに座った。わたしが教室の後ろに目をやると、彼女のすぐに真っ赤になる顔がそこにあった。彼女は高校に戻るのを止めた。でも、この専攻を好きになってくれるだろうか？

この事件で驚いたのは、伝統的な中国女性が持っていた、感情を押し殺した表情、一歩引いた態度、おびえたような、温厚さ、我慢強さ、頑固さのすべてを、この一九九〇年代生まれの陝西女性の黄菊が秘めていたことだ。時代は変わった、でもそれを変えるには至っていなかったということであろう。

大地とじゃがいも

二回目の授業が終わったとたん、趙朝挙という学生を知った。彼は自分からわたしのところまでやってきて、自分は趙朝挙で、貴州省の畢節[19]から来たのだと名乗った。あら、わたしはあなたの故郷に行ったことがあるわ、〔貴州省の〕織金県のいろんな村を廻ったことがあるのと言った。すると「織金洞にも行った?」と尋ねてきた。話してみると、実は彼もその洞には行ったことがないのだけれども観光名所なのだそうだ。

彼は海南省の大学に入るために生まれて初めて貴州を離れた。まず故郷から〔貴州省の中心都市〕貴陽まで列車に乗るために車で走り、列車で〔広東省の〕湛江まで行き、湛江から長距離バスで〔広東省の港町〕海安に向かって〔海南島に向かう〕瓊州海峡フェリーに乗り換えたという。「湛江から海安までのバスの旅では頭がくらくらしました」と言った。わたしは自然に「それって車酔いというのよ」とつぶやいた。

(17) 中原地区:黄河文明発祥の黄河中下流域のこと。河南省を中心に黄菊の実家がある陝西省、河北省、山西省、山東省の一部を含む。

(18) ココナッツキャンディ:海南省は中国最南端で亜熱帯に属する。名物のココナッツは中国全土からすれば珍しい食べ物。

(19) 貴州省畢節:山間の街、畢節市は中国でも最も貧しい地区の一つ。織金洞のある織金県は畢節市内にある(中国では県は市の下の行政区分)。

彼は興奮たっぷりの表情で言った。「湛江を出たら、なんと、地面がすんごく平たかったんです。あんなに平たい地面を見るのは初めてでした。バスの上の人たちはみんな寝てたけど、ぼくだけずっと窓の外を見てたんですよ」。

彼とわかれてからはっと気がついた。趙朝挙が言った「くらくら」とは、平野にめまいがしたという意味だったのだ。大学に入るまでの十九年間、彼は山間を離れたことがなく、大きく広がる平野を見たことがなかったのである。

次に趙朝挙がわたしの注意を引いたのは、彼がクラスメイトと出し物を演じたときのことだった。孫悟空を演じた彼が、もともと赤っぽい顔をしている上に、クビをひねって腰をくねらせた滑稽な動作をして、奇妙な叫び声をあげる様子はなんとも真に迫っていた。出し物がすべて終わっても、彼への賞賛が一番大きかった。趙朝挙が演じる孫悟空を見て、わたしはとても嬉しかった。というのも、そこから彼がおおらかで明るい人物であることを見て取れたからだった。

観察の授業のとき、わたしが数年前に訪れた北朝鮮での見聞を語って授業を終えた後、趙朝挙がやってきてある質問をした。そのときはすぐにそれに答えられなかった。あとで彼が畢節の山間部に新しく松林が造成されたとき、それがカナダからの支援によるものだということを、地元の人はみな知っているという話をしてくれた。趙朝挙以外の学生からは北朝鮮についてなんの質問も出てこなかった。

以下は趙朝挙の作文である。タイトルは彼が自分でつけたものだ。

じゃがいもを食べる人

……じゃがいもはぼくの故郷では洋芋と呼ばれる。なぜ洋芋なのか？　村の老人によると、あれはもともとガイジンのもので、ガイジンが持ち込んできたから洋芋なんだという。マッチが「洋火」と呼ばれるのと一緒の道理である。

……夜になると、家族全員がそろそろ燃え尽きようとする焚き火を囲んで座り、焚き火の一角を掘って洋芋をどさどさっと投げ入れて、灰をその上にかける。父さんがタバコを巻き、ぷかぷかと吸うと、煙が彼の口元から円を描いて立ちのぼる。でも、今は父さんは深圳に出稼ぎに行ってしまった。だから、もう長い間そうやってのんびりとタバコを吸う彼の姿を目にしていない。だが、父さんは家に帰ってくるたびに大きな袋に入れたタバコを持っていく。外のタバコはまずいんだそうだ。あの日、王せんせいは、老人が故郷に帰るたびにタバコの葉を持って出稼ぎに出て行くという話をしてくれましたよね、あれを聞いてぼくの脳裏にはすぐに、父さんがタバコを背負って車に乗る姿が浮かんだんです。

じゃがいもが灰の中で良い香りを漂わせ始め、ぼくは素手で掘ろうとしてそれがものすごく熱いと気がつき、慌てて手を引っ込めた。父さんが小さなスコップを手渡してくれたので、それで火が通り、良い香りを放つじゃがいもを掘り当てた。皮は洗いたての服のようにしわくちゃで、表面の皮を剝くと、黄色っぽいじゃがいもが出てきて、蒸気を上げている。それを一家みんなではふはふと食べた。

ぼくらの村ではテレビは珍しい。テレビを見ることができるのはさらに贅沢なことだ。六年生のときに村に最初のテレビがやってきた。隣の家で息子が結婚するからと買ったのだ。買ったその日の夜、長い時間をかけて調整をしているうちに、雪のようなちらちらと光るものや一本一本の横棒が上に流れたり下に流れたりするようになり、一本二本と線が下から上からと転がった。最後にやっと現れた映像は貴州のテレビ局のチャンネルだった。テレビの中ではきれいな女の子がなにか言っているのだがなにも聞こえないまま、テレビの中の人たちが一人ひとりとうごめいているのをじっと眺めていた。村中の子どもたちがほぼすべて、それほど大きくない家の中にぎっしりと集まり、それ以上ぎゅうぎゅう詰めに入っていけなくてぼくは外に立っていた。家から高い椅子を持ってきて窓の外に置き、窓によじ登って一所懸命に目だけをテレビの上に這わせた。父さんはまるでぼくの目ん玉がテレビに落っこちるんじゃないかと言った。部屋の中にはかまどがあり、かまどの上では鍋いっぱいのじゃがいもが火にかけられており、水はぶくぶくと沸き立ち、グツグツと音を立てていた。じゃがいもに火が通ると、家の人が皮を剝き始め、頭すらあげなかった。女主人はぼくらの視線が彼女の手に張り付いているのに気づき、ぼくに半分くれた。ぼくは窓に張り付きながらそれを食べた。このとき父さんが立ち上がって、タバコを吸いながら言った。「こんなものに金をつぎこんで、出てきたものは真っ白け。なにが面白いのやら」。言い終わると口から煙を吐き、煙は彼の顔の上で踊りながら、前に進んでいく彼の顔へと張り付いた。今から思うと、父さんのテレビ理論はぼくが今まで聞いたものの中で、最もうまく言い当てたものだった。

今でもテレビを見るときにはいつもあの場面が目に浮かぶ。少年が一人、よだれを流しながら手には洋芋を持って、窓に張り付いて白黒のテレビを見ているところが。

学校の食堂でご飯を食べるときはいつも、白い配膳台の大皿に盛られているのはじゃがいもの料理じゃないだろうかと目を凝らす。でも、それを食べたことがない。あれはもうぼくのじゃがいもじゃないからだ。ほかの料理を食べながら実家のじゃがいもを思い出してるやつなんて、たぶんぼくくらいだろう。じゃがいもを食べれるってことは幸せなことなんだ。

わたしは学生に言った。「趙朝挙の作文は特になんの美しい言葉も成語もないけれど、生き生きした生活を描き出しているし、だれも気に留めないようなじゃがいもを鋭く観察している。田舎からやってきた趙朝挙は物語を持っている人だということが分かります。本当はみんなもそれぞれ物語を持っている。でも、あなたがたはそれを意識していないだけなのよ。あなた自身の体験はどんな名著や名言よりも価値があるの。いつかある日、自分の経歴は金庫なんだって、きっと気づくはずですよ」。

コレラの流行

十一月二日正午にちょうど職員食堂で食事を終えて外に出たところ、院生がわたしたちの学部でお腹を下した学生がいるとおしえてくれた。事態はあっというまに変化を見せ、夕方には職員居住区の一戸一戸を職員が訪れて薬を配ってまわっていた。わたしは薬を飲まなかった。なんの説明もないのに抗生物質を飲むのに抵抗があったからだ。夜になると、学生は校外への外出禁止、学内の学生居住区でのみ生活するように通達が下ったと耳にした。学生居住区はとても限られていて、数面の芝生と湖、そして寮と教室程度しかない。学生宿舎では一日四回、監督のもとで薬を飲むことになっていた。日ごろ元気はつらつな若者たちがそんな狭いところに押し込まれて薬まで飲まされるなんて、我慢はいつまで続くかしら？

授業はいつもどおりに行われ、学校はわたしたちに「学生を落ち着かせるように」と言ってきた。わたしは重苦しい気持ちで教室に入ったのだが、そのムードはこれ以上ないほどいつもどおりで、まるでなにも起こっていないかのように、わいわいきゃあきゃあと、のんきなものだった。

「なにか困ってることはある?」と尋ねたら、駱晶という女子学生がわざとらしく叫んだ。「せんせい、白いご飯が食べたい!」。感染が始まったばかりの数日間、学生食堂はほぼ閉鎖され、洗浄が行われた。学生たちは学内でインスタント食品を買ってやり過ごすしかなく、白いご飯を熱望するようになっていた。林楽慶は教卓にしがみついて「果物が欲しい」と言った。みかんやバナナ……彼はまるでそれらが仙人の山になっている珍しい果物であるかのように、その名前をあげた。末期になると、ある教師が自分の車の中に学生を隠して学校の外に連れ出し、お腹いっぱいご飯を食べさせたという話も耳にした。まるでベルリンの壁越えみたいだ。

わたしは言った。「すべての出来事に感謝しましょう。視点を変えれば、それはわたしたちの経験を豊かにしてくれるものだからよ。たとえばわたしは、自分が体験したすべてに感謝しているわ。生活というものはもともとそんなものだし、それが自分に与えてくれることを受け入れる。人はそんな複雑なやりとりの中で磨かれるんですよ」。

これはわたしから学生への慰めの言葉だった。もともとこの日の授業では二〇〇八年の春節里帰りのときのドキュメント「踏み潰された李紅霞の人生」[20]を読む予定にしていたが、ふと思い立って「変えましょう。この特別な時期に悲しみを増すようなことはやめるわ」と言った。すると教室の中から「せんせい、読んで下さい」と声が上がった。斉仙姑の声はひときわ大きく、「生活ってそういうものですよ」と言った。それは、わたしが黒板の下のほうに書いた言葉そのまんまだった。消すのを忘れていたのだ。

授業が終わると李博がやってきて「ここ数日日記を書いています、それもとても詳細なやつを」と言う。続いて、もう一人の学生が言った。「こういう生活もいいですよ。学校の外に出て行ったって、結局はお金を使って買い物するだけでしょ?　今みたいな生活、ほっとします、お金も使わなくていいし」。

コレラ騒ぎは十日続き、十一月十二日に正常に戻った。この体験で分かったのは、大学に入ったばかりの一年生にとって、自由の希求は最低レベルで、白いご飯と果物以外たいして要求もないのだということだった。だが、学年が上がると自由が制限されたことへの反応は強烈だった。二〇〇七年に入学した学生は〔配布された〕薬の説明書を手元に残してあると言い、ある人は壁を乗り越えて校外に逃げる方法を考えたと言った。外にはなにもないんだけど、自由以外には。

テストなんてそんな大したものじゃない

その日、一歩教室に入ったとたん、ムードがおかしいのに気がついた。というのも、わたしは十三分早めに着いたのに、教室の中は超満員だったからだ。寒くなってきたから、彼らはみな厚着をしていて、真っ黒なその様子がことに重苦しく、また揃って見えた。わたしが出現すると、みなが顔をあげてわたしを見た。わたしはくらくらした。どうしたのよ、これは。そしてそれぞれが机の上にきちんと紙やペンを並べているのを見て、ふっと自分が今日、「テストする」と言ったことを思い出した。以前にも伝えてあったのだが、テストと言っても授業の一コマを使って作文を書くだけ。出題も彼らと再三話し合い、最初は「汽車」だったものが、自分はまだ鉄道に乗ったことがないという子がいたので、「車」になった。するとだれかが、車じゃ書きにくいというので、最終的に「車、あるいはその

(20)「踏み潰された李紅霞の人生」：二〇〇八年の春節期間中に故郷の湖北省に帰ろうとしていた十七歳の工場労働者、李紅霞さんが、広州駅に詰めかけた帰省客らに押されて倒れ、そのまま踏み潰されて亡くなるという痛ましい事件を追った報道記事。

他」に変わった。

でも、なんでそんなに緊張しているの？　わたしは尋ねた。いつものユーモアは消えてなくなり、一人ひとりがわたしに混乱させられるのを避けるように、わたしがなにを言おうと受け付けず、背筋を伸ばして動こうとせず、まるでわたしが突然お面でもつけて、彼らを痛めつけるような決定を下すのではないかと思っているようだった。

始業のベルが鳴ると、下でペンが疾走し始めた。この学期において絶対的に静かで、絶対的に無音の四十分間が続いた。ベルがまた鳴ると、ある子は時計を見、ある子は消しゴムを使い、ある子は上から下までを丁寧に見直し、それぞれが名残惜しそうに作文をわたしに提出した。

手元から紙が消えると、彼らはやっと笑った。肩や腕、足からも力が抜けたようで、若者の正常な活力がすべて戻ってきた。わたしは言った。みんな、なんでそんな大したことじゃないことをもっともらしいことにしてしまうの？　あれはただのテストよ、大げさなことじゃない。でもわたしはいい体験をさせてもらったわ。

あの、まさにテストの日、学級委員が注意した。「みんな、よく聞いて。落第してもいい、でもカンニングはだめだ」と。彼が言っていたのはこれから続く他の教科の、教科書や参考書持ち込み禁止のテストのことであり、退学処分になったり、記録が残ることになるんだと彼は何度も繰り返した。

冬の休みの間、ある安徽省の高校生が書いた新聞の投書を読んだ。そこには自分が中国のテストに追い詰められて狂ってしまいそうだ、と書いていた。この言い方に心から賛同したい。

ある晴れた午後、五階の教室廊下に十人ほどの学生が立ってひなたぼっこをしていた。彼らの顔は晴れやかで、若くて清々しい。みな、うちの専攻の子たちだ。太陽っていいわよねぇ、次の授業は芝生でやりましょうよ、と言うと、わっと歓声が上がった。自由だし、太陽だって素敵じゃないの。

その芝生の上で授業をした日の午前、いつも話題たっぷりの趙朝挙がみなにこんな話をしていた。おれの故郷の村ではね、右手の人差し指がないじいさんがたくさんいるんだ。クラスメイトたちが理由を尋ねると、彼は言った。若いころ、徴兵されるのが嫌で自分たちで斬り落としたんだってさ。具体的にどれくらいいるの？　とわたしが尋ねると、六、七人くらいと答えた。ある学生が「どれくらいの年齢の老人なの？」と尋ねると、「五十ちょっと」と趙朝挙は言った。軍事に興味のある男子学生がすぐに言った。「お、ベトナム戦争だ」。海南島の冬の暖かい光の中でその話を聞き、自ら指を斬り落とした山の民のことを思うと、言葉が出てこなかった。

学生たちは当初、「張力」とはなんなのか、分からないと言ったけれども、趙朝挙の大地とじゃがいもの話の後に、またこんな晴れた日の午後に自ら指を斬った人たちの話を聞いて、わたしたちはそれぞれなんの関係もない事物に包容されているなにかを感じたでしょ、それって張力に近づいている証拠よ、と言った。

困惑

困惑には二重の意味がある。彼らの困惑、ときにはわたしが困惑させられることもある。

二〇〇八年度も終わりに近づき、卒業を控えた学生たちに就職のプレッシャーがおしかかっているのが明らかだった。予測のつかない将来が学生たちの不安を膨らませ、一方で大学に入ったばかりの一年生は大学受験で苦しんだりもがいたりという気分からまだ解き放たれていないものの、突然の解放による気楽さを楽しんでいたりもする。こうして、彼らの気持ちはのんびりしている半面落ち着かないところもあった。期末が近づき、なにか困っていることはある？　と尋ねてみた。

ある学生が言った。「大学に来て落ち着いたのに、なぜ読書の時間が逆に減ったのかしら。なぜ勉強に対して以前ほど一所懸命になれないのかしら。なぜ緊張感がすっかりなくなってしまったのかしら、将来の就職もそう簡単じゃないはずなのに。なぜ外でご飯を食べたり、お酒を飲んだり、歌を歌ったりすることが好きになって、慣れっこになってしまったのかしら？」。

もう一人の学生も言った。「自分の考えは純粋に自分のものだとあまり言えなくて、ほとんどが外からのものだと感じる。ときどき自分のほんとうの考え方を表現するのが怖くなって、簡単に他人の影響を受け入れるようになってしまった。本をたくさん読めば、人には力がみなぎるといわれるけれど、本をたくさん読んで極端な考え方をする人もいるし」。

三番目の学生が言う。「小さい頃からずっと平々凡々に過ごしてきて、華やかな話も知らないし、大した経験もしていない。自分が空っぽに感じる」。

長期休みに入る前に、綿入れを買いに行った学生の周坤婷にばったり会った。彼女は言った。「大学でなにが学べるのかしら？　将来なにができるようになるのかしら？　自分には全然わからなくて、漠然としているの」。

この学期の間、二〇〇六年入学の学生だった鄧伯超に三回会った。かれは一年生の授業のとき、一番好きな映画は「古惑仔」だと言い、彼の故郷の学生たちはみな古惑仔〔チンピラ〕を尊敬しているのだと言ってクラス中の爆笑を買った。その彼ももう三年生。一度は学校の郵便局の入り口にカメラを構えているところでわたしに気づき、笑顔を見せてくれた。また一度は、何人かと一緒に三脚を操作しているところに出会ったが、そのときはわたしが目に入らなかったようだ。そして、十二月に観光学部のホールに行く道すがらばったり会った。

あの日わたしが朗読を担当し、彼はそれを撮影する立場だった。夜だったけれど、明らかに彼に元気がないのが分かった。二人ともなにも言わず、道を急いだ。抱えた機材にはたくさんコードがぶら下がっていた。終わってから尋ねた。「授業が忙しいの?」。「違う」と彼は答えた。少ししてから、自分からこう言った。

「自分がなにを学べているのか分からなくて、勉強に身が入らない。目的もないし、授業によって……たぶん先生たち自身もよく分かっていないんだと思う」と。そしてまた黙ってしまった。ホールに着いて、「せんせい、準備してくるね」と声をかけ、黙々と機材に没頭しているのを見て、忙しくなれば気分も晴れるだろうと思った。四年生の学生が言っていた。「今の学生には二種類いる。真っ黒な顔をして毎日毎日映画を撮っている子、顔が真っ白いのは一日中ゲームをして過ごしている子だ」と。

一つの学期が終わり、わたしは自分を振り返っている。彼らにたくさん新鮮なものを与えられたかもしれないけれど、まだ植樹が足りないわ。しっかりと根付かせる時間として、三カ月あまりの授業はあまりに短すぎ駆け足だ。さらに、わたしは彼らに与えたと思っていても、いったいそのどれだけを彼らが受け取れたのか?

二〇〇九年に入って余青娥に会ったとき、彼女が尋ねた。「生活がわたしたちに与えてくれるものを、わたしたちは受け入れるべきだとせんせいは言うけれど、それってそれなりに大きな勇気と決意が必要ですよね」。

わたしは考えている。もっとなにか新しい方法で、わたしに許された限りある時間を有効に使わなければ、と。

同時にまた分かってもいた。目下彼らが最も知りたいのは、どうやって就職し、どうやってスムーズにすんなりとこの社会に溶け込んでいき、どうやって一番良い生活をするか、ということなのだ。わたしには彼らにそれを与えることはできない。わたしがしてあげられることは、もしかしたら彼らが今求めていることではないかもしれない。

教育とは継続性があるものであるべきだと思う。それなりに一定の基準ラインはあるべきだが、わたしは彼らにその基準を求めてはいない。彼らはあまりにも成功を求めていて、その成功を最も早く、最も手軽に手に入れたいと考えている。わたしのやり方はこぬか雨が石を静かに濡らすように彼らに影響を与えることだが、まったく逆効果になってしまうかもしれない。つまり、彼らは本当にわたしの影響を受けてしまい、一旦この教室と大学キャンパスを離れたあと、瞬時に現実に押しつぶされてしまうかもしれないのだ。わたしの考えと努力は、彼ら一人ひとりを苦しみを抱え続ける人にしてしまっているかもしれない。

明々とした蛍光灯がぶら下がる教室の中で、わたしと学生たちは二〇〇八年度の授業六十五回を一緒に過ごした。これから彼らは別の教室で他の教師の授業を受けることになる。そうやって三年があっという間に過ぎ、それぞれが慌ただしく駆けずり回ることになる。そして、さらにその後のことはまったく分からないのである。

二〇〇九年一－二月　海口と深圳にて

第四章　ふるくさいルールよ、さらば——二〇〇九年度講義

　この年もっとも印象深かったのは、わたしが受け持った一年生の中に、この芸術的傾向の強い専攻が大好きな学生、あるいは大嫌いな学生のどちらもがそれほど多くいなかったことだ。好きな子たちは当然教えやすいが、それよりも多いのが〔共通入試の結果〕この専攻に振り分けられてしまった子たちだ。大学の学生受け入れにおける「振り分け」システムはたびたびそんな十八歳の青春真っ盛りの若者たちが持つ幻想に大変深刻な打撃を与える。まったくの事前通知もせずに、法律や経済を学びたいという子どもたちを文学に振り分けてくるのである。「家と学校のことしか知らない高校生は、将来の自分になにができるかなんてまったく分かっていないんだ。志望申込書で「〔決定に〕服従する」を選んだんだから、不満を漏らす権利はない。たとえ一万歩引いて考えても、試験にもっと力を尽くし、もっと良い点数を取ってさえいれば、目標が人気専攻であったとしても、運命を自分で握れたはずなんだから」とする声もあるが。

　そんな人たちはだれも、生まれてこのかた十八年という彼らの視点でその人生をはかってやろうとはしない。彼らには十八年間一度も選択の権利が与えられず、そうやって彼らの未来は強制的に捻じ曲げられ続けてきたのに。

　わたしは三人の男子学生に気がついた。授業のときはいつも黒い服を着て、後ろの席に三人ぴったりとくっついて座る。授業を聞きながら外を見て顔を歪ませ、まるで窓から抜け出すタイミングを

待っているようだ。ときどき彼らは悲壮感や義憤たっぷりの表情を浮かべ、そのときの彼らの耳にはわたしがなにを言っているのかも入っていないようだった。授業中に彼らが見せる本当に苦しげな表情を目にすると、心の中を申し訳ない気持ちがかすめる。それでも矛盾を感じつつも、教師としては学生にやめちゃえと勧めるわけにはいかなかった。

実のところ、教師は自分の学生にきちんとアドバイスをしてやるべきなのだ。二〇一一年の秋からの授業では、わたしは学生に「もしこの授業があなたになにも与えてくれないと思ったら、あなたたちには他のことをする権利があるわ」と言うようにした。

迎新

毎年九月に大学にやってくる新入生たちが行う「注冊」[1]と呼ばれる最初の手続きが、この年から「迎新」と呼び名を変えた。

二〇〇九年九月十一日、いつも新入生が手続きに向かうあたりを通りかかった。そこに続く道はずっと手前で封鎖され、警察や警備員がたくさん立って自動車を一律迂回させていた。今年の迎新は異様な熱気に包まれていた。赤いバルーンが頭の上に浮かび、モーターがごうんごうんと鳴り響きながらそれを膨らませ、ばらばらな音程の甲高いラッパの音がセメント道路を震わせていた。迎新エリアは学生居住地区の中央に設けられており、その両側には彼らを狙った露店が立ち並び、携帯電話のプロモーションや、インターネット回線の呼び込みをする店や、飲料品・日用品・化粧品を売っていた。それぞれの店の前には情熱あふれる販売員が放射状にたくさん立ち、ヘッドセットをつけた人、超ミニスカートの人などで百メートルほどの臨時「商店街」は水も漏らさぬほどの賑わいだった。新入生たちを迎え入れるそれぞれの学部の幟はこれらの露店群の後ろに立てられていて、明らかに副次的な扱いになっていた。これこそ「迎新」と「注冊」の意味の違いだろう。何人もの女子学生が両親の手を握って人混みの中で迷子にならないように通り抜け、電話しながら歩いていた男子学生は地面に縦横に走るコードに足を取られてつんのめりつつも、「おい、おれの頭の上には椰子がぶら下がってるぜ！」と嬉しげだった。

商業ムードが社会の細胞一つひとつに浸透してしまったような現実の中で、同じような派手な大騒ぎは中国の地方都市に蔓延し、ここ数年のうちに山西省の洪洞や河南省の安陽、深圳経済特区の龍華、北京市郊外の昌平などでそれを目にしてきた。それらはそのまんま他の都市にもっていけば、どこでも違和感なく使えるようにテンプレート化されている。だからといってそんな環境が現場の人々の楽しげな気分を損なってはおらず、逆に大学の敷居をまたいだばかりの若者とその左右を固めた両親たちはそれをぼんやりと眺めながら楽しんでいた。

学習にお金を使う彼らに対して、厳粛でもっと気の利いたサービスがあってもいいはずだろうに。迎新は投資のサプライチェーンにおいてはなくてはならない段階だとでもいうように、高等学府という精神の殿堂が持つべき神聖さは、天ぷら鍋に水を落としたかのような騒ぎに完全にかき消されてしまっていた。まぁ、流行語を借りて言うならば、そんな「骨箱入り」[2]の古臭いムードなぞ、これまで十八年の人生でまだそれを体験したことがない新入生の目には入っていなかったようだが。

その情景に驚いたわたしは、慌ててそこから逃げ出そうとした。その途中で出会った迎新の手伝い

（1）注冊：中国語で「登録」「登記」を意味する。
（2）「骨箱入り」：中国語では「骨灰級」。「古臭く、すでに年老いて焼かれて灰になっている」の意で、最初はオンラインゲームで使われた言葉。

に来た二年生は、「あの九〇後たちったら、傲慢で自信たっぷり。口を開くたびにびっくりさせられちゃいますよ」と言った。

わたしは驕り高ぶった若者が好きだったが、白ねずみのように彼らが他人の采配のいうなりになるのを見るのはイヤだった。わたしのクラスは活発な子たちであってくれますように、と祈った。

最初の授業のベルが鳴った。わたしは尋ねた。小さなころからいままでの十二年間の学校生活で、圧迫感はなかった？

教壇下から合唱が返ってきた。ありません。

奇妙に感じた。ちょうどニュースで、前日の教師の日[3]に温家宝[4]が教育改革を語ったと流れていた。改めて尋ねてみた。「彼ですら中国の教育には問題があると思っているのに、体験者のあなたがたはなにも感じていないの？」。

彼らは口ごもった。わたしが期待している答えを忖度するかのように。すると、ある学生が答えた。「もう慣れちゃったもん」。

「雷了[5]」。このときのわたしの気分を言い表すのは、このインターネット用語が最も相応しいだろう。二〇〇九年の全国の大学新入生は五百万人あまり、あの日わたしの目の前に座っていたのはそのうちのわずか五十人だったのだが、その生の五十人の顔は少々わたしをがっかりさせた。その後二カ月間、この一年生クラスの重苦しさをつくづく思い知らされた。学級委員は背の高い痩せた男子学生で、陝西省北部の靖辺出身だった。彼は教壇の前に立ち、独特の訛のある普通話〔標準中国語〕で言った。「ぼくはまだクラスメイトの多くと話せてない。今から、きみたちも積極的にぼくに話しかけてくれ。ぼくがきみたち一人ひとりに話しかけるだけじゃなくて」。

続いて行ったアンケート調査では、次のようなデータを得た（わたしが求めたのは、署名なしでもＯＫ、回答しなくてもOKといういゆるいものだった）。

「真理について」――「真理の存在を信じる」と答えたのは七人。その他の回答が四十二人（まったく答えなかった学生もいたが、簡潔に自分の考えを述べた学生が十数人いた）。

「授業以外で好きな本」――この答えが一番ばらばらだった。最も人気だったのは路遥で計五人。四人がそれぞれ『紅楼夢』『ハリー・ポッター』、そして余秋雨の名前を挙げた。さらに郭敬明(6)と魯迅がそれぞれ三人。

不正に対する考え方については、改めてまとめる。

夜半にこれらの回答を読んでいたら、それらの見慣れぬ筆跡から、そこに若者らしいうごめく感情を感じ取ることができた。その後三カ月のうちに、彼らのほとんどがわたしにとって「文字を見れば顔が思い浮かぶ」存在になった。わたしの前に座った五十人の若者（すぐに一人が文理科実験クラスを受けて転部した）はそれほど多くの名著をまだ読んでいないのかもしれない。そして、心の中でこの芸術的な演劇・映画・テレビ・文学専攻に回されたことに対してなんともいえない思いを抱き、自分の将来に確固たるものを持てずにいるかもしれない。

しかし、そんな長短ばらばらの回答にわたしは安堵した。彼らは疑うことを知っている。自分の見解を持っている。どれほどの重苦しい教育も、彼らのそんな基本的な生命本能を突き崩すことはでき

（3）教師の日：「老師節」。一九八五年から中国の教育機関で「教師に感謝する日」と定められた。
（4）温家宝：第六代中国首相。
（5）「雷了」：日本のマンガで、登場人物がショックを受けた場面では背景に稲妻が描かれるが、それを中国のネット世代が「雷に打たれる」という意味で表現し、使うようになった言葉。
（6）郭敬明：一九八三年生まれの若手流行作家。

ずにいたのだと。

お互いを品定めしつつそれぞれに選択をする、そんな新しい学期が始まった。

壁

この学期は初めての経験がたくさんあった。たとえば、学校封鎖だ。インフルエンザの感染を防ぐため、新入生の入学後恒例になっていた軍事教練が無期限延期となり、入学後にすぐ授業が始まった。それは軍事教練が大学教育に組み込まれてから十九年来で初めてのことだった。

授業が始まってそれほど経たないうちに学校が封鎖された。校外への三つの門には日夜監視が立ち、外に出る者はかならず休暇願いを提出し、校内に入るときは体温測定が義務付けられた。九月から十二月までのほとんどを、学生たちは寮と教学棟の間を移動するだけで、学校の壁の中で限られた自由を味わった。校外に出るのは容易ではなく、学級委員が言うには、休暇願いは簡単に聞き届けられず、学生事務室で担当の先生と三十分話しても最後は「ダメ出し」を食らったらしい。

休暇願いのほかに学校を出て行く方法はまだ二つ残されていた。奥まった未舗装の道を二十分ほど歩いて学校をぐるりと迂回するのだ。新入生たちのほとんどがその道のことを知らず、多くが壁を直接飛び越えるという方法を取った。十一月十一日が近づき、ある男子学生がクラスメイトに「もうすぐ光棍節だ[7]」と声をかけ、同級生たちに海辺でバーベキューに行こうともちかけた。「どうやって出ていくんだよ?」という質問に、彼は「飛び越えるさ」と答えた。飛び越えると聞いて、クラス中に諦めの声が広がった。あとで女子学生たちに尋ねたら、彼女たち自身はその日を寮で過ごし、結局だれもバーベキューに行かなかったようだ、と言う。

校門の監視役を言い渡された警備員たちは、それまでのように足を組んで宿直室でうたた寝することはなくなり、手にはピストルのような機械を持って、それを一日中学生たちのおでこに当てて体温を測っていた。その様子をなんどか目にしたが、授業に遅れそうになって急ぎ足の学生たちが検温のために並ばされ、前にまだまだ人が並んでいるのを見て大汗をかきながら前に割り込もうとしている姿は、まるで射殺される順番を取り合っているかのようだった。学生たちは、まさか検温なんかが自分の尊厳に関わることだとは思っていなかっただろうが。

「関門突破」というまったく新しい視点を見つけ、二年生のクラスで「校門を抜け出す」をテーマに作文を書かせたのだが、出来上がったものはどれも無味乾燥で想像力不足だった。問題はその作文能力ではなく、まずその姿勢である。「校門を抜け出す」がただの作文練習にされてしまい、それを自由の剥奪と結びつけて考えることをしていなかった。学校封鎖なんて二年生にとってなんのことはない、遠回りしたり、壁を飛び越えたりと、さまざまな手法があった。作文で人間の自由への希求を想像することもせず、閉じ込められ社会と切り離された苦しみを考えることもせず、いつものように「なんにも感じていない」ようだった。

彼らにとって、学校封鎖はインターネット封鎖の殺傷力には遠く及ばず、なにかを感じたとしても林楽慶のように、「せんせい、出て行ってはダメだと言われたらどうしても出て行きたいと思うけど、好き勝手に出て行けるときは逆に出て行きたいとは思わないんだよ」というのが関の山。また、彼らはこの十数年間にすべてを他者に采配されることにすっかり慣れきっており、「なにも感じていない」

(7)「光棍節」:「棍棒だけ(光)の祭日」という意味で、十一月十一日は「一」が四つ並ぶことから大学生たちの間で「独身の日」と言われ始めた。現在ではオンラインショッピングサイトによる大バーゲンセールの日として知られているが、それは後日の話である。

ので文字にすることができないのだ。

もし作文を期末試験の一環にすれば、状況はさっと大きな変化を見せるだろうことは知っている。だが、過剰な注目を求めると、多くの場合ウソばかりが飛び交う結果となり、感じていないことは感じていないままで放置されてしまう。そしてもちろん、わたしは自分と彼らの関係を懲らしめる側と懲らしめられる側に落とし込みたくなかった。

学校封鎖は、彼らが持つ惰性と消極性が増幅される結果をもたらした。なるようになるさ。どうせどこにも行けないんだから。寮と教室のみという超シンプルな生活空間のうち、前者は生きるため、そして後者は単位のためだけに存在し、切り捨てることはできなかった。

わたしはある実験をした。大きな音をたてるストップウォッチを持って授業に行き、その場で十五分毎に激しく鳴るように設定し、彼らにストップウォッチのチクタクチクタクという音を聞かせながら作文を書かせ、十五分が終わると次のテーマに移らせ、十五分ぶんの五回リレーのように作文を五本書かせた。作文を提出するとき、焦って汗びっしょりになったある学生が言った。「せんせい、このウォッチは人をビビらせるよ。カチカチいうから今にもジ・エンドになって首を斬られるような気がしたよ」。期待したとおり、音がするストップウォッチは彼らにとってもっと切迫した、学校封鎖よりもずっと大きなプレッシャーをもたらしたようだ。時間枠で完成させた作文の出来は、十分な時間を与えた作文に比べて決して悪いものではなかった。これもまた予想していなかったことだった。ストップウォッチを使ったのはあれっきりだったが。

十一月九日、ベルリンの壁崩壊から二十周年の記念日になっても学校は封鎖されたままだった。あの日の授業に八年前のコレクションを持っていった。ベルリンのチェックポイント・チャーリー博物館に行ったときに買ったベルリンの壁の小さなかけらと二つのバージョンのベルリンの壁地図である。

彼らは珍しいものをみるような表情で見入っていた。林楽慶は立体マップから「ウンター・デン・リンデン」[8]を探し出し、立体になった高層ビルを触りながら「高いなぁ」とつぶやいていた。そしてどれがカイザー・ヴィルヘルム記念教会かと尋ねてから「有名な教会なんだよ」と言った。

彼らはまだ若くて、まだ本当の意味で追いつめられたことがないのである。同じことが自分の身に起こるなんて想像するのは無理なのだろう。

挙手

十一月十三日の夜は一年生の授業だった。教学棟に向かう道すがら、人物についてよく書けている作文を数本みんなの前で読むのをやめることにした。というのも、あまりにもリアルに書けていたからだ。特に粟を収穫する父親を書いたものと父親について市で野菜を並べて売った話の二本は。みんなの前で読み上げれば作者にとって励ましになるのは間違いないが、別の効果を生む可能性もあった。

心配のきっかけは、数日前に二年生が提出した作文の中に、夏休みに母親と一緒に穀物を売りに行って、現実の苦い思いがみごとに書けていたものがあった。授業でこの作文に触れたとき、書いた学生が壁にくっつくほど角っこで顔を真っ赤にして落ち着かなげにしている姿が目に入った。すぐに話を切り替えて、「作文をみなの前では読み上げないわ、ちょっと長いから。でも本当によく書けているわ」とだけ言った。授業が終わってまだ教室を出ないうちに、彼から携帯にメッセージが届いた。

（8）「ウンター・デン・リンデン」：ドイツの大通りの名前。「菩提樹の下で」という意味があり、中国語では「菩提樹大街」と呼ばれる。

せんせい、ぼくの作文を評価してくれて大変感謝しています。とても嬉しかった、本当です。でもぼくの作文をほかのクラスメイトには見せないでください。でないと、これからクラスの中でプレッシャーを感じるようになってしまいます。ごめんなさい。許してください、せんせい。

次の日、また彼からメッセージが届いた。

……ぼくが心配しすぎなのかもしれません。ただ、ぼくはみんなに異様な目で見られたくなかっただけなんです。ぼくがセンシティブすぎるのかもしれませんが。

十一月十三日に授業より十三分早く教室に入ると、黒板の右下に二行の文字があった。

一等奨学金七人
二等奨学金六人

教壇の前で日頃からにぎやかな学生が数人コンピュータを開いており、スクリーンの上の文字が絶えず動いている。わたしが入ってくると、彼らはわいわいきゃあきゃあと、二年生がどんな授業を受けているか見ているところですと言った。
女子学生が一人やってきて、「せんせい、ちょっとみんなに言いたいことがあるのですが」と言う。「授業はまだ始まっていないんだから、今はあなたたちの時間よ」と言った。彼女はクラスの幹部らしく、教壇に立ってから「奨学金を申請する人は挙手してください」と言った。

カバンを置いて目をやると、多くの子が手を挙げているのが見えた。

女子学生は言った。「ちょっとそのままにしてて、数えるから」とドア側から数え始めた。数えている彼女の声を聞きながら、わたしは授業の準備を始め、彼女は紙の上にさささっと手を挙げている学生たちの名前を書き綴っている。もう一度教室で手を挙げている子たちを見ると、みな真面目で真剣に、手はそれほど高くないものの、だれも下げずに待っていた。約数分間、わたしは本を取り出し、USBメモリの準備をしたが、それほど長い時間ではなかったはずだ。

女子学生が言った。「手を下ろしてください。十七人。わたしたちのクラスの奨学金枠は十三人だけ」。困っているようだった。

学級委員も教壇のところにやってきて、二人で並んで立ち、はみ出した数人をどうすればいいかと困っていた。

男子学生が一人やってきた。教壇のところに立っているのはわたしを入れて四人になった。男子学生が小さな声でなにか言う。女子学生が声をあげる。「なに、大きな声で言ってちょうだい」。男子学生はまたぶつぶつとつぶやきながら、教卓をのぞきこんでいる。女子学生がまた言った。「大きな声で言ってってば」。口の中でぶつぶつ言っている男子学生は不安そうな表情になった。「申請を止める」と彼は言っているのだ、とわたしは思った。女子学生はまたなにか言いたげだ。学級委員が後ろからペンを持った手をぐいっと伸ばし、女子学生が押さえている十七人の名前のうち一行に線を引いて消した。男子学生はくるりと踵を返し、とても静かに教室の後ろへと歩いていった。このとき、さっきじっと挙がっていた手はほぼ教室の隅っこや後ろからのものだったことに気がついた。授業のときにいつも声を押し殺して座っている学生たちのあたりだ。

考えている間もなく、始業のベルが鳴った。最初の十分の「今日のニュース」は、河北省、山西省、河南省の大雪の写真を使った。教室の前からうわぁっという驚きの声が上がった。というのも、大雪に埋もれた街は確かに迫力があって美しかったからだ。そこで一言付け加えた。授業に出かける前、コンピュータを閉じる直前に「大雪が校舎を押しつぶして学生が死傷した」というニュースがネットに出ていたわ、と。

休憩になり、広州出身の学生がやってきて、音楽流してもいいですか？　と尋ねた。何人かがコンピュータを囲んで音楽を探し始めた。学級委員は困ったような顔をして、机の間をうろうろ歩き回っていた。わたしは声をかけた。一等と二等の奨学金はそれぞれどれくらいなの？　学級委員は知らないけどと言い、わたしに尋ねた。「十二人の枠に十七人が手を挙げた。どうやって分ければいいかな、頭数で割ってもいいんですかねぇ」と。わたしには決められないけれど、と言いながら、でも十七人の意見をできるだけ聞いてみんなで方法を話し合いなさいよ。

授業終わりのベルが鳴ると、学級委員がクラスに、ちょっと残っててと声をかけた。立ち上がった子たちがまた座り直したところに、学級委員が付け加えて言った。「奨学金を申請する学生は残って」。教室の前からふぅーっと長い溜息が聞こえ、椅子がガタガタと鳴り、いつもわたしと帰る学生たちがわたしと一緒に教室を離れた。二カ月すると、彼らの顔と名前、そして筆跡も見慣れたものになっていたが、教室に残った学生はどの子もまだぼんやりとした硬い表情ばかりで、その多くの名前を思い出せない。彼らはいつも黙って座っているからだ。

学生寮エリアを離れてわたし一人になると、またあの声のない挙手のシーンを思い出した。今日の二コマ授業は、挙手をした十七人にとって大して意味のあるものではなかっただろう。手を挙げてから数分経って初めて奨学金枠が足りず、奨学金をもらえないかもしれないことを知った。そんな気持ちのときに、静かに授業を聞くなんてできないだろう。その気持ちを思うと、なんとも言えない気分に襲われた。

そうだった、と自分が辛い気分になった原因を思い出した。あれはわたしが小学校に上がった一九六〇年代のことだった。学生登録用紙提出のとき、この世からすぐに消えてしまいたいような絶望感にかられた。用紙の最も目立ったところにある「出身家庭」[9]の欄、あの縦一センチ、横二センチの欄はわたしにすべてを押しつぶすような不安な気持ちをもたらした。幸いなことに、当時のわたしの先生は出身の良くない学生に挙手をさせて点呼するようなことはしなかった。

わたしたちは知っている。もしひとりの人物が一千万元を銀行に貯金したら、銀行は厳しくその規定を守り、その人の財産の安全をはかり、プライバシーを外に漏らすことはしないだろうことを。噂では宝くじで三億元あまりを当てた人もやはり保護され、当局はプライバシーを理由にその個人情報を公開しないそうだ。しかし、もしその人が赤貧状態であれば、彼を保護せず、いつでも公開で「素っ裸」にしてもいいというのか、長い間手を挙げたまま他人にその様子を眺めさせていてもいいのだろうか？

「だって、お金があればいろんな面倒が起こる。金持ちだけが不安を感じるものさ。カネがないやつには怖いものなんてないはずだろ、家に家具もないんだから。だれも盗めないし、保護を求めたりする権利なんていらないじゃないか」と反論する人は必ずいるだろう。でも、「赤貧であること」はプライバシーじゃなくて、いつでも街中で公開していいってことなの？

学生の作業のやり方を批判することはしたくない、彼らは無意識なのだろうから。彼らを無意識

(9)「出身家庭」：一九六〇年代の中国は文化大革命の真っ最中であり、知識人や文化人、地主、商売人などは批判対象とされた。そうした人物がいる家庭の出身者は蔑まれ、公的な批判や差別をあらゆるところで受けた。それは子どもたち一人ひとりにも適用されたのである。

にしてしまった原因は社会一般の価値観からくるものだ。家が貧乏で額外の救済を申請したいのなら、頭を低くしろ、手を挙げるのは当然すぎるほど当然だ、と。貧困がもたらす羞恥心や卑屈な思いは、三億元がもたらす不安感に比べれば取るに足りない、なんの意味もないものなんだ、と。十八歳の子どもの家が貧しいからといって、長時間衆人の前で手を挙げさせたままでいるなんて。彼らの心には安心なんかいらないとでも？

ほぼいつも隅っこに静かに縮こまるようにして座っている、演劇・映画・テレビ・文学専攻の編集プロデューサー志望の学生は、貧困のせいで手を挙げて一時の羞恥に耐えることができず、奨学金申請のチャンスを放棄した。彼らはこうやってずっと頭を垂れて端っこに逃げ込んでしまうのだろうか。今後、こんな彼らをだれが編集や監督に雇うだろうか？　彼らが生きるための舞台は、長時間手を挙げて点呼されるような場所以外にほかにあるのだろうか？

点呼と不正

わたしの授業では点呼をとらない。授業に来るかどうかは学生たちの自由だと考えているからだ。しかし、点呼に関してこの学期に起こった三つのできごとを書き残しておく。

▼その一　テレビの中の「ニュース」

二〇〇九年十一月二十四日正午のニュースで、湖北省のある大学の学生が点呼の代理返事で五元(約六五円)、授業への代理出席と授業メモ取りで一〇元(約一三〇円)を受け取っていたという。この「業務」を真っ先に実践に移したその学生によると、最初からお金を取っていたわけではなく、「業務」

があまりにも多くなり、一人では手が回らなくなってほかの学生たちを集めて費用基準を定めたのだそうだ。これを二年生に「今日のニュース」として聞かせ、「この学生はイノベーティブだわ、こんな身近なところでビジネスを開拓したんだから」と付け加えた。学生たちは強烈な反応を見せた。ある学生は机をぽんと叩いて目が覚めたかのように言った。「これもありか。セコいなぁ、人を手伝うだけなのにカネを取るなんて」。

わたしは新鮮なできごとだとばかり思っていたが、授業後、学生がわたしたちの学校でも「代返請け負います」という広告が出ていると教えてくれた。

▼その二　わたしが目にした代返

二年生の作文のクラスで、休憩時間のときに国文学科の若い女子職員がやってきて点呼を始めた。突発調査である。彼女に「一人は休暇届が出てるわ」と伝え、彼女が手にした名簿に目を通したが、その点呼は始業ベルまでには終わらないのではないかと感じた。しかし、彼女は神のような速さで流暢に点呼し、下から奇妙な声が、同じように神のような速さで流暢に流れに沿ったような調子で続いた。すると、女子職員は顔を挙げて、みんな揃っていますねと言い、すぐに立ち去った。続けて授業を始めたが、なんとももやもやした気分が抜けなかった。そしてふと、今日は少なくとも欠席が二人いるはずだと気がついた。しかし、彼女ははっきりと全員揃っていると言ったわよね。

わたしは学生たちに向かって尋ねた。「他人の代わりに返事したのはだぁれ？」「はい」という言葉を出すとき、どきどきしなかったの。あなたがたはどうやって分業しあっているのかしら。もし、何人かが同時に他の人のために返事したらバレちゃうんじゃないの？」

数分間、教室は死んだように静かになった。日頃の授業の静けさとはまったく違い、そこにはまるでだれもいないかのような空っぽさの中に緊張感が走っているのを感じた。わたしを除く一人ひとりが事情を知っていて、臨時の沈黙同盟を結んでいた。わたしは言った。

「今日のことは大したことではないわ、あなたがたはとっくに慣れきっているみたいね。でもだれかの代返をしたら、今後は他人の論文をコピーしたり、統計データをごまかしたり、帳簿を書き換えたりするのも平気になるかもしれないわね。以前わたしは、自分の価値観をあなたがたに押し付けたりしないとは言ったけれど、今日はあなたがたには越えてはならない一線があることだけはキチンと言っておくわよ」。

▼その三　誤解がもたらした混乱

やはり二年生のクラスだった。朱俊材がテオ・アンゲロプロス[10]の「永遠と一日」を借りたいというので、次の授業にディスクを持ってきてあげるわと言いながら、心の中でこの表面はまじめ切った男子学生のことを見直していた。この映画は詩意に溢れた作品だとよく絶賛されはするが、多くの人たちにとって退屈すぎることこの上ない作品で、朱俊材はそれを観たいというのだから。

だが、ディスクを持参すべきその授業のとき、慌てて出てきたために忘れてしまった。ベルが鳴って初めてそのことに気づいて「朱俊材」と呼んだら、「来てません」と他の学生が応えた。心の中でホッとして次回は忘れてはならないと肝に銘じた。すると、十分ほどして朱俊材が息を切らしながら汗まみれになって教室に駆け込んで来た。走ってきた彼は腰を曲げたまま息をし、その様子にわたしは「まずい、来ちゃった」と思った。休憩に入り、ある学生と話をしていたところに、朱俊材が満面に気まずそうな愛想笑いを浮かべて教壇に寄ってきた。「せんせい、名前呼んだでしょ?」。わたしははっと気がついた。教室内のだれかが「呼ばれているぞ」と彼に知らせ、それを受けて朱俊材は狂ったように走ってきたのだと。

皮肉な話である。自分のうっかりを責めているわたしに、あのテオ・アンゲロプロスが好きだといった学生が点呼で減点されると勘違いし、尊厳を振り捨て笑いかけているのだから。ちぐはぐなことこの上なく、すっかり興ざめしてしまった。わたしとおしゃべりしてた蔡青が言った。「王先生がそんなことするわけないでしょ！」。

懲罰というものをたくさん見てきたわたしは、それを自分の学生に行うことは絶対にない。朱俊材が浮かべた気まずい顔も二度と見たくはないし、血気盛んな青年がビビって愛想笑いをするような環境はあってはならない。

大学教師は点呼や落第などを利用して学生を罰することができるし、学生もそれなりに対応策を持っている。だが、両者が猫とネズミのようなゲームを受け入れて、それに慣れきってしまったら、教育はその意味を失ってしまうではないか。

不正に対するわたしのルールは少々堅苦しいということは認める。二〇〇五年、初めて教師として不正は盗みと同じだと深刻そうに言ったわたしの態度は、二〇〇九年の秋には環境とともに少し変化していた。

二〇〇九年九月に入学した学生に最初の授業で行ったアンケート調査で、わたしは「不正についてどう考えるか」という項目を付け足した。答は「ダメ」「どっちでもいい」「それもよし」の三択にしたのだが、「ダメ」と答えたのは二十六人のちょうど過半数、その他は「それもよし」「どっちでもいい」だった。「状況によりけり」と答えた者もおり、未回答の学生もいた。

(10) テオ・アンゲロプロス：ギリシャの映画監督。

不正について、提出作文の一部は自分の簡潔な感想を書き残したものだった。それは以下の三つに分類できる。

1　不正は恥ずべきことではない

▽不正といってもさまざまだ。わたしは基本的に不正はしない。ある超中国的特色を持った授業以外は。でも、不正を軽蔑はしない。

▽試験のせいだ。もしまったく手の打ちようがない場合はある種の利益のためなら不正も手段として考える。ただ、それしか手段がないという客観的な理由が欲しい。そうでなければ、不正には良いイメージはない。しかし恥ずべきことではない。不正をそんなに低く見る必要はない。

2　たまにならよし

▽試験の不正はときにはよい。危険が少なければ自分もトライするだろう、もちろんそれはリスクを負う意義があることが前提だが。

▽試験のタイプと規模によって決まる。大学の正規の試験、たとえば入学試験では決して認められない

▽個人的に大学の授業の多くは時間のムダだと思っている。それぞれしっかりと自分に向き合える専門コースを選択できるべきだ。自分は試験でこれまで不正をしたことは一度もないが、自分としては不正という選択肢もよしと考える。

3　捕まらなければよし

▽教師がきちんと教えることができず教科書丸読みしかしないくせに、試験となると学生を懲らしめようとするなら不正したって問題ない。
▽嫌いな授業での不正は普通のこと。
▽捕まらなければよい、みんなそう思ってるよ。

この調査を始めたきっかけは、学期の初めにした教務の陳先生とのやりとりだった。わたしは「二〇〇八年の演劇・映画・テレビ・文学専攻の期末テストでは不正はなかったですよね？」と尋ねた。

陳先生は「なかった」と答えた。

ほっとして立ち去ろうとしたとき、そばにいた若い教師がぼそっと言った。「見つからなかっただけでしょ、あなたはクラス担任じゃないですよね？」。

わたしは「違いますけど」と答えた。

この話を学生にしたとき、教室内にほっとした嬉しげな笑いが広がった。そこには明らかに、成功したことへの暗黙の嬉しさと喜びがあった。

二つの場面のことをそのまんま新入生のクラスで話した。そして、伝えた。「以前の学生には、わたし個人の道徳判断基準や規定を押し付けることはないと言ってある。でも不正に対する学校の懲罰規定は十分すぎるほど厳しいはずよ。結果にどんな言い訳をしてもなんの意味もないわ。あなたがた一人ひとりが自分の基準を決めるなり、正すなりしておいてね」。

学期末になり、不正という言葉が管理者の口からはたびたび出てきて、学級委員は何度も試験のルールを強調し、「学生事務室からまた注意喚起があった。不正を働いた場合、深刻な結果をもたらすことになる」と呼びかけた。彼自身ももう聞き飽きたし、自分が注意喚起するのも飽きたと言うと学生たちはみな笑った。学級委員の靖辺なまりの普通話〔標準中国語〕が可笑しかったからだ。

二〇一〇年二月二十五日、新しい学期が始まった。また教務の若い王先生のところに行って尋ねた。「二〇〇九年入学の演劇・映画・テレビ・文学専攻のクラスで前学期のテストに不正はありませんでしたか?」。返ってきたのはなかったという答えだった。今度はわたしが得意げに笑う番だった。だってそれはもしかしたら、受け身の立場にある弱者にとって最後の、そして唯一取れる抵抗の手段といえるかもしれないのだから。

冬休みに入ると、親戚の子どもが休暇を過ごしにわたしのところにやってきた。おしゃべりをしているときに、他省の大学に行った彼のいとこが毎学期無駄金をたくさん使って、両親を騙してると言い出した。いとこの先生は「テストで落第したくなかったら二〇〇元〔約二六〇〇円〕、試験の前に払え」と要求するのだと。「いとこは二〇〇元をばらまいて「及第」を買ってるんだ」と言う。その言葉にわたしは心底驚いた。

そのときふと、そういえば男子学生が数人、「活動経費が足りない」といった話をしているのを耳に挟んだことを思い出した。「あれはぼくらが払ったお金だぜ。先生たちはそれでレストランで食事して温泉に行くんだ……」。あのときの口調といったら、大学教師はブタのような搾取者だとでも言わんばかりだった。そんな教師が口にする言葉は学生を揺り動かす力を持つだろうか? 教師が提出する経費申請に「論文掲載料(11)」と書かれていることに驚いているのはわたし一人なんだろうか。

こうした身近な日常における常態の責任を、学生だけが負うべきではないだろう。わたしが二〇〇九年九月から十二月の間に目にした腐った果実は、そうなった責任をその木の根っこや枝や葉っぱ、土壌や空気が負うべきなのだ。

前述のようなことを書いて、息子にメールした。彼からショートメッセージで返事があった。以下がその返事だ。

「不正の文章読んだ。冷静に記録した感じはいいね。新しい情報が少ないことが欠点かな。若者にとって新鮮なことではないし、大学教授の個人的な経験ってレベルだね」。

新鮮なこと、とは。今この瞬間に一体どれほど素っ頓狂なことを、若者たちが生み出しているというのだろう、わたしの想像力で理解するのは無理だった。彼はさらに「ぼくなら生々しいすごい話題を提供してあげられるんだけど」と言ってきた。だが、本書はわたし自身の見聞のみ書き記すことを原則にしているからその点は守り通すわ、と答えておいた。

引き裂かれた人

学生たちがわたしにする話をすべて真実だと思い込まないほうがいいだろう。

ある三年生が言った。「この大学から合格通知を受け取った学生はまず一〇〇％がっかりして、この都市とこの大学に不満を感じる。ある学生は休みを利用して広州市に行き、大学をいくつかはしご

(11) 掲載料：中国語は「版面費」。学者が学術雑誌などの論文を掲載してもらう際、雑誌編集側に掲載をお願いするために支払うお金のこと。つまり、掲載をお金で解決することになり、学術的な意義を汚すものだが、一般に広く横行している。

して帰ってきて、共通入試であと数点足りなかっただけでと悔しがる。都市の華やかさという点でも、学校の設備という点でも、ぼくたちと広州の大学は比較のしようがない」。

わたしは彼に尋ねた。「北京大学や清華大学のようなトップ大学に入っただけで、だれもが満足して得意満面になれるのかしら？」。すると彼は必ずしもそうじゃないと認めた。

この先輩学生の失望と不満を一年生の前で話してみた。すると、そんなこと全然ないわ、と口々に答えた。それが学期末最後の授業のとき、石宏剛がクラス全員に向かって、「せんせいが失望したかと尋ねたあの日、ぼくらは本当のことを言わなかった。本当はこの大学に入ったことを八〇％以上の人が後悔しているはずだ」と言った。そして、彼は後悔を自分の励ましにするんだと発言をまとめた。

もちろん、彼らにはわたしが言うことを否定する権利がある。

一年生の二回目の授業で、ある男子学生が始業ベル直前に前に出てきて言った。「みんな聞いてくれ。祖国に報いるときが来た。奮って入党志願書を書いてくれ」。

彼は言い終わると、さっさと自分の席に戻っていったが、クラスのあちこちから疑問の声が起こった。「入党志願書が祖国への恩返しなの？」という声もあった。このときのことをずっとわたしは忘れられない。なんどか我慢できずに口にしたこともあった。一見ただのシンプルな通知だったのに、わたしたちにとっての伝説の話題のようになってしまった。そして、心の中でずっと、この子たちの心にある「祖国」と「恩返し」とはいったいなにを指すのだろうと考え続けていた。

祖国、この言葉は今日もっとも使用頻度の高い日常用語の一つだ。ちょっとしたことで多くの人たちの口から飛び出してくる。使われすぎた結果、摩耗もひどい。大学生たちのいう「祖国」はグループとしての激励を加味して、青春と激情の即興的な受け皿として使われている。ある女子学生は作文で国慶節の休暇について書いたとき、男子寮の窓から国旗がぶら下げられていたのがカッコよかった、感動したと述べていた。赤い布が海風に吹かれてふわふわと舞うのが感動的だったというのだ。色彩と躍動感以外で、一人ひとりとの直接的な関係性について尋ねると、彼らと「祖国」の関係はあいまいになる。さらにいえば、個人とはなにか、国とはなにか、そしてこの両者にはどんな密接な関係があるのかなどということを、彼らはまだ真剣に考えたことすらないのだ。

彼らが尋ねる。「せんせい、あなたたちの世代が考える祖国ってぼくらとは違うものなの?」。

彼らの心の中と現実の間にはある種の緩衝帯のような空間があり、彼らは自我と現実の間を意のままに泳ぎ回ることに慣れきっているとわたしは気がついていた。それはある種の生物の本能と現実環境が共同で作り上げた切り替えレールのようなもので、彼らはさまざまな立場や概念に立ち、習慣的に自由自在にそれを切り替えて、その痕跡を残さず、なんの困惑や無理や圧迫も感じない。それによって彼らもまた自分を守り、心の中の苦しみや混乱から逃げ出すことができるのだ。

彼らの口を突いて出る「祖国」は、落ち着いた前向きな言葉として使われる。その空間の下限と上限は常に定まらず、彼らはその柔軟性に富んだ無限のすき間の中に滑り込み、くるりと身体の向きを変えてそれを多面的な自分として他者にさし示す。そうして手に入れることができる安心感から彼らは世間を見下したような態度を取り、そこから喜びや達観したゆとりのようなものを味わうのである。

昔の人たちが現実に抱いていたなんとも言えない不安を、彼らはほぼきれいに分解してしまった。彼らは授業では身辺の事細かな生活について触れるものの、他の教室で行われる弁論大会に参加すれば、相も変わらず空っぽな常套句を繰り返し、際限なく言葉を溢れさせている。それを彼らはこう解説する。「最初は大げさに爆弾を落とす。そこからテーマにぴったり寄り添ってきれいにまとめればすべてＯＫ」。

彼らに比べれば、わたしなんて手際が悪すぎる。特に義憤に駆られるなぞ噴飯物らしい。彼らにとって義憤とは、笑いのネタ以外のなにものでもないという。二十歳になったかならないかの若者たちはそんな早熟な処世術を見せつけてくれる一方で、常識を飛び越えた諧謔的な面を見せるときもある。

あるとき、映画「鬼が来た」(12)の討論で、ある学生があの映画はお笑い草だと言った。

彼らに質問した。田んぼで働いたことがある人はいるかしら。種を撒き、草を抜き、作物を刈り取ったことがある人は？　すると、八〇％以上が手を挙げた。人間にとって土地との関係はとても大事なことだとわたしが言うと、都市出身の学生が数人、退屈そうな顔をする。成都出身の王詩億は「彼らが本当に羨ましいわ」と言い、ハルビン出身の尹沢松はわたしを追いかけてきて尋ねた。「せんせい、花を植えた経験は含まれる？」。学校からの帰り道、学級委員は言った。「変なの、土地を耕したことがないやつがいるなんて」。

本当の現実は、土地に深く触れていることが、必ずしも土地に対して深い思いを持っているとは言えないことだ。土地に対する思いは人それぞれで、いろいろな人がさまざまな「祖国」を持っているのと同じだ。農村からやってきた農民の子孫たちにとって、土地こそ彼らが「断ち切る」べき過去になっている。土地から遠ざかること、それが十二年間も一所懸命勉強して大学に入った彼らの最初の目的なのだ。

学期末、わたしは言った。これまで三カ月あまりの間、なんどか「祖国に恩返しする」という点に触れてきた。わたしはずっとこの言葉の組み合わせにいったいどんな意味があるのだろうかと考えていたけれど、今日はわたしの理解をお話ししましょう。

祖国とは「身土不二」といわれるように、人の身体とそれを育む土地は引き裂くことができず、それはまるで胃腸のように人の身体の部品のようなものなんです。その関係性は「恩返し」なんていう簡単な語彙で表せるものではないはず。これはわたしの考えだけど、あなたたち自身も自分の考えを一人ひとり探し出してちょうだい。

授業が終わり、彼らが言った。「せんせい、せんせいはぼくらをもっともっと大人にしてください。せんせいはぼくらの代わりじゃない。ぼくらにはまだ経験がなくて、せんせいの考え方に賛同できないんです」。彼らの言うことは正しい。わたしの話を聞いて、彼らは心の中で笑っていたのだろう。「この先生、なんだかまじめくさってさ、ぷっ」とでもいうように。彼らは正しいのだ。

長年たびたびいわれる言葉に、「次の世代にはかなわない」というものがある。比べようがないのに、今の世代に上の世代と同じものを求めてもなんの意味もない。だって時代背景が違うんだもの。

先日、ある人が「今の大学生のうちどれくらい『アンナ・カレーニナ』を読んでいるっていうのよ?」と怒っていた。わたしは一年生のクラスで尋ねてみた。四十九人のうち読んだことがあると言ったのは一人だけ、女子学生だった。詳しく尋ねてみると、彼女も読んだのは半分だけだという。かくいうわたしだってあの名著をきちんと読んでいない。どんな本も唯一無二ではないはずだ。たとえば、来年の入試でトルストイが取り上げられることが決まっていたら、来年の受験生たちは必ずそれを諳んじてしまうだろう。そこに選ばれた作品はだれのものであっても最悪だ。それらはあっという間に汚されてしまい、味わわれることなく嚙み潰されてしまうのだから。

表面は完璧そうに見える人が、心の中では矛盾を抱え込んでいる。わたしと学生も五十歩百歩でし

(12)「鬼が来た」:中国の人気俳優でもある姜文監督の作品。華北のある農家に日中戦争末期に生きたまま袋に詰め込まれた日本人兵士二人が届けられ、殺すわけにもいかない村人との様子を描く。戦時中の中国人の微妙な心理状況を描き、大ヒットした。最後に姜文自ら演じた農民が中国軍の兵士(姜文の弟、姜武が演じる)に首を斬られるところで終わる。

かない、それこそが現実というものの残酷さだ。

軍事教練

大学の新入生に行われる軍事教練を、わたしは長い間、ただの「〔権力による〕にらみきかせ」だと考えていて、ほかの効果があるなどと思っていなかった。熱帯の島では九月を過ぎてから、一年生の軍事教練開始の噂が「オオカミが来たぞ！」的に何度も出ては消えた。ある学生が「せんせい、なんで軍事教練を受けなきゃならないの？」と尋ねてきた。当然ながらわたしに説明できるわけがない。正式な開始が通知されたときはもう十二月になっていた。授業を中断して軍事教練が始まった最初の日、数人の女子学生が武装ベルトと水筒を手にぶら下げた、敗残兵のような姿で近づいてきて、「面白かったですよ」と言った。さらに、「教官がわたしたちはラッキーだなって言ってました」と付け加えた。曇り空と雨のおかげで女子学生たちが日焼けしなかったことが彼には残念だったようだ。

一週間の教練が終わった日の夜、授業に出かけた。運動場の門のところで突然取り囲まれてしまったことに気がついた。真っ黒い森林がわたしを覆うようにやってきて、周りの黒影はみな息をはずませている。大きな声がそれを急かし、怒鳴り、叱責し、号令をかける。あちこちから人が集まって列を整えていた。左右を見回すと制服だらけだった。

それが軍事教練を受けている学生だと分かっていても、人を生き埋めにしそうな黒っぽい圧迫感に、わたしは自分が「制服恐怖症」なのだと気がついた。授業時間を間違えたのかしら？　今日も軍事教練だっけ？　慌てて学生に電話をしてみたが、騒音がひどすぎてなにも聞こえない。やっと厚い包囲を突破し、運動場から遠ざかると、そこにはいつも通りののんびりとした日常のキャンパスが広がっていた。前を歩く大きめのサンダルを履いた女子学生はわたしのクラスの子だわと気がついて、やっと恐怖から抜け出せた。まるで救いを求めるように蛍光灯が明るく灯った教室に入ると、男子学生の頭が短く刈られていることを除き、なにも変わっていなかった。

――見たところ、元気そうね。

返答：元気です。

――だれが軍事教練をまだやってるの？

返答：ほかの学部の学生です。今はやつらが苦しむ番です。

軍事教練はどうだったかと感想を尋ねてみた。

何人かが先を争って答えた。「まだやりたい、授業よりずっと面白い！」。

軍事教練中に作文の宿題を出してあった。「教練の教官を一人称にして軍事教練の話を書くこと」。提出された作文を読んで知ったのだが、彼らの教官はこの大学の学生で、二年前に入隊し、今は退役して戻ってきたのだという。そのおかげで彼らが書く教官像は「凶暴で悪辣」のイメージとは程遠く、ちょっと変わった話が描かれていた。作文の講評をするその日、ふと学生がどんなふうに教官のことを書いたのか知れたら面白いんじゃないかしら、と思いついた。学生にそれを提案すると、ひとりがさっと彼にショートメッセージを送り、観光学部三年生の教官を呼び寄せた。

陳挺富という名の彼が上はTシャツ、下はアーミーパンツ姿で教室の入口で顔を出したとたん、教室内に歓声が上がった。学生たちは、まるでこれから審判を受けさせるかのように彼に教室の真ん中に座るよう声をかけたが、彼は黙って端っこに座った。そしてにこにこ笑顔を浮かべ、あの数日間を学生たちがどんなふうに描写したのかに耳を傾けた。

三カ月間、いまかいまかと緊張感たっぷりで待たされた軍事教練は、笑いで終わりかけている。今では一週間になった教練が終わり、教室の中の辛気臭さは打って変わったように消え去り、快活になった。彼らが自分で撮ったデジタル動画では、一人ひとりが先を争ってカメラの前に大きな、へらへら笑う顔を差し出し、その頭の上にカモフラージュ色のヘルメットを載せており、それはまるでファッションモデルが花や緑を頭に載せて見せびらかしているかのようで、海辺の軍事教練は今学期で唯一のグループ旅行に成り果てていた。ある学生は、教練でやっとクラスメイトの多くの名前を覚えられたと言った。

この一年生の集団と三年生（二年の兵士経験あり）の学生は、自分たちが固定観念をひっくり返してしまったことにだれも気づいていなかった。軍事教練すら娯楽に変えてしまうなんて、人間が生まれつき持っている分解消化能力は本当にすごい。もうひとつ驚かされたのが、この新入生たちは軍事教練のおかげでやっと初期の交友段階に入ることができたことだった。これまでの三カ月、彼らはただ寝るだけのロボットだったということ？

二〇〇九年最後の日、[13] 夜の授業で隣の海洋学部の教室から大きな歓声が響いてきた。ある学生がこっそり様子を伺いに行ったところ、彼らも陳挺富を招いてパーティーをしていたという。彼はアイドル並みの人気者になっていた。わたしたちが送り込んだスパイはにこにこしながら赤い気球を手に戻ってきて、それをわたしたちの教室のドアノブにひっかけた。湖南省出身の周含が大きな声で言った。「わたしたちもこのまんまずーっと授業をやりましょうよ、二〇一〇年の新年の到来を示す時計の音が響くまでずっと」。

この学期は、二回ほど満足できる授業ができた。みんなで一緒に作り上げるという感じ、それは気持ちが良かった。だからこそ予想ができないし、また同じことを繰り返すこともできない。

学生たちは古臭い言い回しにとっくになにも感じなくなっている――これが最初の新入生の授業を持ったときの印象である。五年来ずっとそうだった。学生が「八〇後」だろうが「九〇後」だろうが例外はなかった。

最初の授業でニュースを発表させたとき、やはり毎年のように「新聞聯播」(14)そっくりの口調で読む学生が二人いた。意気軒昂にニュースを読むその様子はテレビそっくりだった。他の授業のときに学生に故郷について話をさせた。発言は自由とし、唯一つけた条件は日ごろ両親や仲間たちとの間で使う言葉をしゃべってほしい、ということだった。わたしはそれをこう説明した。「それはあなたたちの最初の母語なの、あなたたちの根っこの言葉なんだから。広州では街の露天商を「走鬼」と呼び、山東省では省外から来た労働者を「草灰」と呼び、重慶市では日雇い労働者を「棒棒」と呼ぶ。一般庶民がそんなふうに日常的に使っている言葉こそ、生きた言語といえるのよ」。

話し合いの結果、最北の黒龍江省ハルビン市からやってきた尹沢淞から始めることになった。北か

(13)二〇〇九年最後の日:中国では正式なお正月は一月から二月にかけて(毎年変動する)春節なので、いわゆる大晦日も日常で、出勤したり、授業が行われる。元日はお休み。

(14)「新聞聯播」:全国放送テレビ局中央電視台の七時のニュース番組で、中央電視台のみならず各地の地方テレビ局でも中継放送される。政治リーダーの活動や中国共産党の動き・発表を含む、国内における重要なニュースはすべてここから発信される。

ら南へ、最後は海南省三亜出身の卓懐如となる。南北の距離は三〇〇〇キロメートルを超えている。

尹沢淞が言う。「せんせい、方言をしゃべるにはムードがいるよ」。わたしは答えた。一緒に方言を真似してみましょうよ、ムード作りになるわ。想像もしていなかったことに彼らは異常なほど盛り上がり、先を争ってそれに参加した。一人一語に限っていたのだが、だんだん終わるのが惜しいとばかりに長々と方言スピーチ大会が始まった。

魏靖が早口言葉のように生き生きとした河南語を披露した。「日頭呵、你清早従東辺咵溜咵溜地咕嚕上去、你待黒従西辺咵溜咵溜地禿嚕下來」

内蒙古自治区から来た楊楊はみなにモンゴル語で一から十の数え方を教えてくれた。

浙江省寧波出身の周鳳婷は自分でも気づかないまま方言と普通話〔標準中国語〕を混ぜてしまう。小さな頃から普通話をしゃべるようにと矯正された結果、今は故郷の言葉をきちんとしゃべれなくなってしまい、なにをどう言ってもヘンテコなの、と言った。

なかには自分の番が来たとたん笑いがこみ上げてどうしようもならなくなり、口を抑えて声にならない子もいた。みなの前で方言をしゃべっちゃだめだとでもいうように。

朝鮮族の朴香美は、小さい頃朝鮮語を話していたのにいまではすっかり忘れてしまい、学び直そうとしているところだと言った。

江西省出身の盧小平は民間伝説にはまり込み、話しながらときに重苦しく、ときに笑いながら、動作をつけて演技を見せ、周囲の人たちがそれを聞き取れているかどうかにはまったくおかまいなく、ずっとしゃべり続けていつまでも終わらなかった。

ある女子学生は一言二言つぶやいた後で、突然普通話でこう締めくくった。「故郷が恋しくなっちゃった」。彼女は泣きそうになっていた。

貴州省からやってきた女子学生四人組は一緒に立ち上がり、一人ひとり一言ずつ故郷を紹介したが、三人目はあがってしまって声が出なくなり、焦って足を踏み鳴らした。他の三人が振り返って彼女を見つめ、クラスから笑い声が上がると、彼女はさらに焦ってますます口が開かなくなってしまった。四川省成都の王詩億がさっと寄ってきて彼女をなだめすかしていた。

海南省の文呈平の言葉は、海南省出身者も聞き取れないものだった。彼の故郷は付馬村で、「付馬語」という方言を話す。村の人たち以外だれも彼らの言葉を聞き取れず、世界的な言語学の専門家によると、彼らの村で話されているのは生きた化石言語なのだそうだ。

これぞ領土の広さ、個性さまざまというべきであろう。学生たちはそれぞれの地域の多様な方言の違いにびっくりし、わたしはこれほど豊かな方言が完全に脇に追いやられていることに驚いてしまった。生活において依然としてまだまだ使われているのに、表舞台には永遠に上ることができず、民間で生き続けている。〔普通話の〕常套句なんて結局のところ異口同音な言葉のミイラだ。この授業をきっかけに、みな自分の言葉で語り、自分のことを書き留め、自分の頭で考えようとするようになった。

十二月二日の夜は「詩意」の話をした。これまでの授業では詩意について語るのはわたしの役目で、学生は聞き役だった。だがこの授業のとき、彼らがそれをどう語るのかを聞きたいと考えて、テーマを「あなたが描く詩意とはなに」にした。

実のところ、わたしは事前に、適度なタイミングを見計らって「扭転乾坤」〔大勢をひっくり返そう〕と考えていた。過去数年の授業でも詩意を取り上げてきたけれど、彼らの世代にとって詩意とは、「消失したもの」「古典詩だけに残っているもの」だとか、「キモい」「もったいぶった文芸調」「これみよがしなハリボテ」という結論に至るのだった。詩意という言葉を持ち出すだけで、学生たちは攻撃的になり、拒絶し、あるいは軽蔑したような態度を見せる。わたしは、彼らの意見が出尽くしてから彼らに詩意に対する新しい認識を呼び起こすつもりで、まずは学生たちにしゃべらせようとしたのだった。

議論は後ろに座っていた学生から始まり（あの挙手の回以降、討論はほぼいつも後ろから始まるようになっていた）、個人の意志で発言し、座ったままでも教壇に出てきてもいい、と言ったら、多くの学生が教壇に上がることを選択した。最初に教壇にやってきたのは石宏剛だった。彼は、詩意について語るのは難しい、漠然としすぎていて、生活の隅々に浸透しているものだと述べた。いくつか小さな、彼が実際に目にした三つの場面を例に取り上げたが、そのうちの一つは、一組の老夫婦がお互いに支え合いながら横断歩道を渡る瞬間の様子だった。

あとで、この石宏剛の話は良いきっかけになったと気がついた。彼の話は徹底的に概念や茫漠としたものに触れず、人の心に一瞬にして現れては消える気持ちをうまく摑んで、結論ではなく目にしたその画面についてだけ話をした。おかげでスイッチが入った学生たちがわれ先に、と発言をし始めた。ひとりがまだしゃべり終わらないうちに、次の学生の腰は浮き、落ち着かないように顔を赤くして、身体を揺らして、発言が終わりかけていると思ったら、次の学生がもう自分の席から教壇に歩いてきた。

向玲玲は自分が目にした陸橋の話をした。「その瞬間は詩的だったけど、振り向いたらその詩意は消えていた」と言った。周鳳婷もまた似たような話をした。

ある学生は陸橋で前から笛吹が歩いてくるのを見たと言った。その場面はとても詩的だったし、さらに前進していると笛吹の後ろに小さな広告が立ててあり、そこに「笛を教えます」と書いてあるのを見て詩意が一瞬にして消え去ったのだそうだ。

森の中に木造の小屋があって、広々とした草原に道が一本走っているところを自転車で走る様子がとても詩的だったと、ある学生は言った。

別の学生は、自分がやりたいことをやること、それが詩意だと言う。

また、お金があること、それが詩的だと述べた子もいた。


詩意とはリアルなもので、ひとりがそれに気づいたとしても他の人にはそれと分からないもの。

詩意とは後から思い出す価値のあるもの。

詩意とは人の心、あるいは自然の美しさ。

詩意とは心が温まり、ぱっと輝くもの。

わたしたちがこの教室で詩意について討論していることこそ、詩意である。


魏栄輝は、「生活とはほとんどそれ自体は退屈で、詩意なんてまったくない。人間が生きるということは詩意のためだけではない」と言った。

盧小平はこう表現した。「どんなことにも詩意がある。ぼくがサンダルを履いてここに立っていることは詩的だし、せんせいが白いシャツを来てあそこに座っているのだって詩意だ」。

尹沢淞は、みんながすでにぼくが言いたいことを言ってくれたから、自分は詩意がないということはどんなことか話したいと言った。「数学の授業は詩意がない」「一日中バスケットボールをするのは詩意がない」「ぼくが嫌いなこと以外はどれも詩意がある」のだそうだ。

三時間近く、まるでリレーのように発言は続いた。わたしは教壇の下に座り、ただただそれを聞いていた。彼らは完全にわたしを呑み込んでしまった。十八歳の子どもたちが自分たちで作った心温まる授業で、わたしはただの提案者で、聞き手であった。盛り上がった彼らは二コマの授業を喜んで三コマまで引っ張った。時間を伸ばさないとまだ自分の考えを言っていない子たちがチャンスを失ってしまうから、と。

彼らが言うことのすべてに同意はできなかったし、詩意はあまりにも凡庸化されていた。わたしは詩意とはやはり稀有なものなのだと思ってはいたが、目の前で展開されたあの小動物たちの興奮や、見せてくれた純粋さやエネルギーのほうがもっともっと重要だと感じていた。

わたしと彼らはまるで一緒に獲物を狙う狩人のようだった。詩意はまるで林の中でうごめいているのに姿が見えないジャコウジカのようで、絶えずだれかが馬を駆ってそこに突っ込んで狙うべき範囲を狭め、最後に生き生きとした詩意という名前の動物がわたしたちの大きな網にひっかかったのだ。わたしたちは力を合わせて、詩意を捜し求めるという過程を完成させたのだった。

一回の素晴らしい授業は一つの作品である。そう簡単に手を突っ込んではならず、それが進行する中でその立ち位置を定め、自然に脈絡の方向が決まり、参加者がお互いに相手を啓発し、お互いを明るく映し出し、人として最も原始的な感覚である詩意を前にしたとき、教師という存在は消えてなくなる。

詩意についての討論は学生たちから自然に起こった拍手の中で終わった。それは今年の一年生がわたしの授業で最初にした拍手だった。こうした討論は二年生以上の学生の間では起こりにくい。彼らは今ちょうどセンシティブに変化を遂げている年齢であり、一年という時間はその彼らの表情をすっかり変えてしまうに十分だから。

ここで紹介するのは二〇〇九年十二月五日に行われた校内スピーチ大会で、最優秀賞を受賞したスピーチ原稿である。講演者は二〇〇九年に入学した、応用テクノロジー学部公認会計士専攻の羅陽である。原文をそのまま掲載する。

ここに、次のような伝票を皆さんにお見せすることをお許し下さい（原注：興味のある人は携帯電話の計算機をご準備ください）。

学費：六八二〇元（約八万八六〇〇円）／年
寮費：八〇〇元（約一万円）／年
生活費：六〇〇元（約七八〇〇円）／月
その他費用：一五〇元（約一九五〇円）／月

学校にいる時間を一年で九カ月とすれば、ぼくたちは在学中に交通費を除き、毎年合計一万四三七〇元（約一八万六六〇〇円）のお金を使っていることになります。そう、一万四三七〇元。もちろん、みなさんにこの数字を覚えていてもらおうとは思っていません。続けましょう。一学期は十八週間、一週間にだいたい二十八コマの授業があります。つまり総授業時間は五百四コマあるので、一万四三七〇を五〇四で割ると、ぼくたちは授業一コマごとに平均二八・五一一九元（約三七〇円）を費やしていることになりますよね。人民元で二八・五一一九元です。さて、ここにおられる我が校の皆さん、ぼくも含めたすべての学生のみなさんは心の中で自分に尋ねてみましょう。自分はこの二八・五一一九元を十分に利用できているだろうか、と。

もしぼくたちがこの高い費用のかかる授業一コマですら大事にしていないなら、そんなぼくたちの口から出てくる賞賛とか志とかいう言葉に意味はあるでしょうか？

同窓生の皆さん、ぼくたちってなにさまなんでしょう？　なんのおかげでここでえらそうなことを言えるんでしょうか？　そしてなんのおかげでここに座ってそれに耳を傾けているのでしょう？　ぼくたちが大学生だからですか？　ぼくたちが社会の寵児だからですか？　ぼくらがいわゆる社会の未来と希望だからですか？

頼りにならない世代、行き詰った世代、責任感も使命感もない世代、成功の近道ばかり追いかけて手段を選ばぬ世代。大学生のみなさん、これこそ、ぼくたちの現実です。これこそが世の中の現代の大学生に対する理解と評価です。

次の二つの数字をぜひ覚えておいてください。六三件、二〇〇八年に全国の高等学府で大学生の自殺事件が合計六三件起きました。五五％、現時点で二〇〇九年度に全国の大学を卒業した人のうち五五％は仕事を見つけられずにいます。

これらを前にして、ぼくたちはいかにこの重荷を担うべきでしょうか？　希望と情熱、信念と経験……それらは揺らぐことはないし、さらには屈服もしない！　ぼくたちは自分の志は海のように大きいと口にしますが、その志とはなにかというと、それは教養、そして人格のことなのです。志とは国を治め、天下を鎮めること、このような志こそ「万丈長纓縛鯤鵬」[15]〔大魚や大鳥を冠のひもで縛り上げて懲らしめる〕で、このような志こそ世界の人類に漢や唐の時代のような勇ましい風を吹かせることができるのです。海ほど大きな志を持った同窓のみなさん、ぼくたちは後ろを振り向いてはなりません！

ですが、ぼくたちには分かっているのです、志の前には「立」という文字があることを。ここに慰めの気持ちと自尊心を持ってみなさんに最後の数字をお伝えします。一三万、二〇〇九年には一三万人の大学卒業生が農村で仕事につき、一三万人の大学卒業生が軍に入隊しました。母校を遠く離れても、一寸の山河、一滴の血を守るため、一〇万人の若者と一〇万人の兵士の時代に、ぼくたちは依然として後ずさってはいないのです！

行動と事実を自分の名誉にしましょう。もしぼくたち自身がそれをしなければ、だれがやるのでしょうか？　今やらなければいつやるのでしょうか？　自分の名誉のためにぼくたちは後ろを見てはなりません！

生きるか、それとも滅びるか。消え去るか、それとも新たな生を受けるのか。さあ、同窓生のみなさん、どうぞご一緒に！　このとき、この瞬間に！　闘いは始まっています。ぼくたちは振り返ってはならないのです！

このスピーチは世に数ある啓発的で偉そうな論調という意味で特に際立っている。数字を持ち出し、数字の後ろに空っぽで無力な大げさなスローガンをびっしりと埋め込んでいるものの、こうした空っぽなスローガンがまさに彼らの焦りと不安を露わにしている。

わたしの学生はほとんどがこんなスピーチ大会があったとは知らず、直後の授業のときに彼らに二八・五一一九（元）×二（コマ）を計算させたところ、同時に何人かが携帯電話を取り出して、「五七・〇二三八」と読み上げた。この数字は絶対的に正しいとはいえない、専攻によって学費が違うからだ。しかし、彼らの授業一コマ分のだいたいの価格として、黒板にそう書き付けた。そこに座っ

（15）「万丈長纓縛鯤鵬」：毛沢東の詩「蝶恋歌」からの引用。

たまままったく動かずに二時間過ごせば、五七元（約七四〇円）を、一日を八コマとして計算したら四〇〇元（約五二〇〇円）あまりを消費していることになる。びっくりするような数字である。

「南方週末」紙の二〇一〇年一月二十七日号に掲載されていた「「勉学で運命を変える」から「進学で負債が雪だるま」への転換」という記事が引用していた調査データによると、甘粛省会寧県では農家の八〇％が子どもを大学に送り込んだか、在学中にそれらの家庭が抱える負債額は平均で五万元（約六五万円）から八万元（約一〇四万円）なのだそうだ。これはそれぞれの家庭が飲まず食わずで貯金しても十年以上かかる額であり、そのために現地では「進学賭博論」が起きているという。

こんな現実を前にして、今の大学生が利益への近道を急ぎすぎると批判するのはあまりにも酷で、非人間的である。急がずして彼らはどうやって自分を養い、両親の生活を変えていくのか。同じように現実を前にしたわたしも、どうすれば彼らの理想、あるいは学習の土台が希望のない世界を彷徨わずにいられるのか、まったく分からない。

二年生のクラスには同時に二つのアルバイトを掛け持ちしている学生がいる。もっと高学年の学生の中にはアルバイトのために授業をサボらざるをえない子も少なくないと聞く。

高学年に入った学生は就職の不安を漏らす。ある日授業の前に教卓で本を広げていたら、男子学生が一人教壇の下にしゃがみ込み、「とても気分が悪い、もうこれ以上低姿勢にはなれないんです」と言った。辛くて辛くて昨夜はキャンパスをぐるぐると一人で、今朝四時過ぎまでずっと歩いていたという。自分の将来が見えないと彼はつぶやいた。

郭新川は同じ寮の同級生と討論した。今寮を出て一時間以内に最初の一元（約一七円）を稼ぐことができるのはだれだろうか、と。最終的には、他人の手から一元を受け取るのは実は大変難しいことだという結論になった。たとえミネラルウォーターのペットボトルを集めたとしても、彼らにはどこに売ればいいのか分からないからだ。

二年生になった周坤婷がわたしと一緒に教室を出ながら、「この専攻にまったく自信が持てない、授業はなんの理論も教えてくれないし」と言った。

人が理論を好むのは理論がルールを教えてくれるからだ。理論は暗記することができるから、むりやり暗記する過程で時間や精力を使い果たすことで人は充足感を得、時間が無駄にならなかったかのように感じるのだ。

周坤婷が尋ねた。せんせいはわたしくらいのときにどうしてました？

わたしは言った。田舎に送り込まれて農村支援していたわ、農地を耕してへとへとになってた、今はちょうど収穫期だわ。


その頃せんせいはたくさん本を読んでたんですか？

本なんかあるわけないじゃない、雑誌のきれっぱしがあってもすぐにだれかが巻きたばこにする時代よ。

せんせいはその頃も文学が好きだったんですか？

ええ、そうよ。


そう言うと、その後しばらくなにも言わずに歩いた。

こんなに簡単に人を老け込ませる時代はこれまでなかった。一学期の間姿を見せなかったのに、彼女は会ったとたんに、「せんせい、わたし老けたでしょ。自分ですごく老けたと思うの。何人分もの人生を生きたみたいな気分」と言った。

高学年の焦燥感に比べ、一年生は突然もたらされた自由にまだ慣れずにいた。時間がありすぎて、だれにも指図されず、暗記すべき本もない。骨身惜しまず勉学しようという気持ちが突然消え失せてしまい、逆に落ち着かず、空虚な気分になってしまい、なにをしても手応えを感じず、ふわふわと毎日を虚ろに過ごしている。

どちらかというと、都市出身の学生はゆったりと落ち着いていた。彼らは少なくとも都会で両親が待っているのだから。農村出身の学生はとても都市に住みたがっているが、都市には親類はおらず、そこで暮らすためにちゃんとした仕事を見つけることが前提となる。四年生になった余青娥は、農村の教育支援に行きたいと思っていたがそのチャンスを逸してしまい、カルフールで臨時の仕事を見つけた。彼女は、周囲を見渡すと大学卒業生ばかりで、校門を出て初めて自分が何者でもないことに気付いたと言った。

わたしの最初の教え子たちはもうみな卒業してしまった。授業を聴講しに戻ってきた子に仕事の様子を尋ねたら、彼は言った。「四年間学校でしっかり勉強すれば自信がつくし、より好みしなければ仕事は見つかるんだから、まずは自分を養うのがせいいっぱいです」。

この話を新入生にしてみた。だが、この専攻に送り込まれたことを悩んでいる彼らにとって、先輩の昔話なんて目下の問題解決にはつながらないようだった。彼らには自分の将来をコントロールするための力すらないのである。

わたしのモチベーション

不思議に思う人もいるかもしれない、わたしが一体なにをやっているのだろう、と。

最初は、自分でもなにをしたいのか分からなかった。それは以前、教育について書いたエッセイ集『把孩子們交出去』〔子どもたちを差し出す〕と関係しているのかもしれないし、潜在的に世の中に良い教師になりたいと思っている人がいるかいないのかを知りたいと思ったのかもしれない。

この大学で教鞭を執るようになって以来、良い教師であろうとするほかに自分がいったいなにをしたいのか、なにをできるのかを探り続けてきた。それがやっとクリアになってきた。

わたしは、若者世代に理想主義が最後の空間となりえるのではないかと、二十一世紀の中国の辺鄙な島にある、とても平凡な教育機関で、普通の庶民の子女たち、十八歳の彼らに光り輝く一瞬を見せてあげることはできないか試そうとしているのだ。わたしもまた、そんな彼らにモチベーションを求めているから、毎回の授業で最新の情報や作文に対するさまざまな考察を準備した上で議論をふっかけているのである。

多くの人たちは、この二つの理由なんてなんの意義もなく、微力すぎて弱々しくて、まるで飛んで火に入る夏の虫じゃないのと思うだろう。それが完全に徒労に終わるなら、徒労でも構わない。なにもしないまま、わたしたち自身が、そしてわたしたちの後ろに続く若い世代が、現実というものの惰性にもみくちゃにされ続けるよりはいいはずだ。

もちろん、自分を疑ったり、失望したり、さっとこのまま手を引いてしまいたいと思うときも多い。絶えずモチベーションをかき集める理由は二つある。

その一つは、若者の底力。そしてもうひとつは、この社会の未来だ。

以下、ある作文の授業の作品だ。

テーマ：三人が雪だるまを作る〔事前になんの準備もさせず、授業のときにテーマを設定した。アイディアは

一枚の雪だるまの写真から)

作文に与えられた時間:二十分間(テーマ発表から提出まで)

雪が、激しく、しんしんと降り続けている。梁山泊は一面真っ白になった。

朝早くに起き出してきた林冲は半尺ほども積もった雪を見て、にっこりと笑った。そして心の中で思いを巡らした。彼にとって最大の敵、高俅がこのとき、この梁山にいることを知っていたからだ。

彼は高俅が必ず通るであろう場所をうまく見つけ出し、兄貴分の宋江に自分を雪だるまに仕立ててくれと頼んだ。宋江は意味が分からずその理由を尋ねたが、林冲は面白いからさと答えた。天衣無縫っぽく見せようと、宋江に雪だるまの首もとに真っ赤な襟巻をつけるように言った。これを見ればきっと高俅は面白がり、警戒心を解くはずだ。

そこを離れようとしたとき、宋江はなんだか林冲の様子がおかしいと感じ、その辺りは人通りも多いため、せっかくの彼の作品にだれかがぶつかってしまうかもしれないと考えた。そこで、林冲の雪だるまの上に文字を書いた。「林冲がここに」、そして「宋江の作」と書き加え、ぱっぱっと手をはたいて得意げに去っていった。林冲はしゃべったり頭を動かせば雪だるまがこわれてしまうので、のぞいてみたい気持ちにかられたものの、結局兄貴分がなにをして去っていったのか知らないままだった。

高俅がそこを通りかかったとき、まるで生きているかのような雪だるまと雪だるまの上の文字を遠くから目にして、手に水をたっぷり貯めてそれを雪だるまに投げかけた。

林冲は高俅が近づいてくるのを待とうと、ずっと動かず我慢していたので水をかけられて氷になってしまった。

宋江は自分の作品が形になったと、満足げに髭をなでつけながらその様子を眺めていた。高俅はそのいきさつにすべて気づいていたから、宋江とおしゃべりを続け、林冲が凍死するのを待ち続けた。

そして林冲は死んでしまった。一体兄貴分がなにをしたのかを知らないまま。

宋江はその死を惜しんだ。なぜ自分は思い至らなかったのだろう、林冲は大病が治ったばかりで、長い時間寒さに身体を晒してはならなかったはずなのに。

高俅はひょうひょうと、皇帝との蹴鞠へと戻っていった。


この作文に心が踊った。講評でわたしはこの作文を「水滸バージョン」と形容した。作文には署名がなく、最後までだれも名乗り出なかった。学生の一人が、そういえばあの日は高学年の先輩も授業を聴講していたし、と言うと、みながはっとした。こんな創意たっぷりの作文はきっと先輩の手によるに違いない。そうやって、匿名の作者はあっという間にきっとクラスの外の達人なのだということになってしまった。

数日してから、懸賞をかけてみましょう、あの神秘の作者を探し出さなくちゃとクラスに呼びかけた。授業の間の休憩時間になって、日頃はほとんどしゃべらない男子学生が後ろの席からやってきて、「せんせい、あの日作文を出すときに名前を書くのを忘れてました。講評のときにはぼくはいなかったので」と言った。なんと、あの「水滸バージョン」雪だるまの作者はわたしたちのクラスの石宏剛だったのだ。彼はそれまでにも「作品」といえるようなものを書いたことがあった。彼は陝西省の農民家庭の子弟である。

学期の最後の授業のとき、みなでこの授業で得たものと抱えている不安について討論した。

李潔梅は、自分がなにも知らなかったということを知らされたと言った。教材を除けばこれまで教科書以外の本は一冊も読んだことがなく、最初の学期に彼女は生まれて初めて教材以外の本である王朔の『千万別把我当人』〔わたしを人間扱いしないでくれ〕を読んだそうだ。

宋暁玲は、大学に入ってからも父親に電話してよく学校でのことを話しているが、人物を書く練習をしていると言ったとき、「父さんがなにをしてきたか、知っているかい？」と尋ねられたそうだ。「父さんは四つの仕事をしたんでしょ」と答えると、父親は十数種の仕事をしたことがあるよ、そして「おまえは父さんのことも理解していないのに、どうやったら周囲の人のことが書けるんだい？」と言われたそうだ。

楊紳豪は、「情けないことがある。せんせいは以前、ぼくらにプレッシャーを感じたことはないかと尋ねたよね。あのときはプレッシャーなんて感じていないと思ったんだけど、本当はなにも感じられないほど抑圧されていたんだってことに気づいた」と述べた。

周鳳婷と梁遠南は政治スローガンを口走りそうになりながら、自分たちは解放されたと言った。

わたしはラッキーだった。絶えず生活のそばに隠れている、生々しい現実に注目しなさいと若者に声をかけ、彼らの考えを啓蒙し、本能が持つ想像力を揺り動かして、惰性化していた古臭いルールに抗わせたのだから。彼らの身にこんな可能性を見ることができたのは、トルストイ全集を読破するよりもずっと大事なことだった。

二つ目のモチベーションは未来にあった。

この辺鄙な島の都市に来てから六年になった。ここで日頃出会う宅配業者や飛行機チケット売りや、エアコン売り、保険のセールスマン、観光ガイドはほとんどがわたしたちの大学の卒業生だ。ここが典型的な底辺の大学で、学生の多くが底辺層から来ていることにわたしははっとした。彼らは将来この社会の基盤となり、今後の市民社会の根っことなる人たちだ。彼らの個性にある純朴で実務的なところは生まれつきで、彼らがしっかりと人としての基本となる最低ラインを定めることができれば、未来は捨てたものではなくなるかもしれない。そんな幻想がたびたびわたしを突き動かし、二コマの授業を意義のあるものに変えようと真剣にさせた。

まともな社会にはエリートは不足しないが、もっと多くの平凡な善人が求められるのだ。努力によって若者たちが持つ潜在的な未知の力を動かすことができれば、彼らが長い長い日常の中で自分を守り続けることができれば、もしかしたらティモシー・リチャード[16]がいうように、現代教育は二十年で成果を上げることができるかもしれないのだ。

追記

ここでは一部の学生の名前は意図的に隠した。彼らがわたしにくれたショートメッセージやメールも個人的なもので、公開できない。そこにはリアルな話がたくさん詰まっているのだけれど。

もう四年生になった鄧伯超（二〇〇六年に彼のことについて触れた）は、二〇〇九年秋、四川映画祭の大学生部門で二つの作品がノミネートされ、成都で行われた授賞式に出席した。八〇〇元（約一万円）しかお金を持っていなかったので、映画祭が手配したホテルに宿泊せず、成都で働く母親と一緒に小

（16）ティモシー・リチャード：十九世紀から二十世紀初めにかけて中国で布教活動をした英国バプティスト教会の宣教師。山東省、山西省、陝西省で宣教活動を行った。

さな招待所[17]に泊まった。母親は授賞式をのぞきたがったが彼がそれを止めたことで「感情を害した」そうだ。今回はノミネートされただけだし、将来もっと大きい賞を獲るから、と説得したという。映画祭のイベントにもっと出ていくべきだと言ったわたしに彼はこう答えた。「金持ちたちと一緒にいたくないんだ」。

鄧伯超は飛行機で成都に行った。深圳の宝安空港付近にはじっと道端で飛行機の発着を見守っている人がいるのよと教えたら、「見た」と言った。学期が終わると、鄧伯超は海南省のテレビ局との契約チャンスをほっぽりだして、文学部の学生と海南省儋州にあるその学生の実家に、客家[18]の生活ドキュメンタリーを撮りに行った。春節のときにもそこで過ごした。わたしも現地をのぞきに行ってみた。落ちぶれた小さな集落には茅がぼうぼうに生えた映画館があった。

二〇〇八年入学の海洋学部の学生だった王雪娟は、一年生だった昨年からずっと聴講に来ており、とうとうわたしたちの専攻への転部を決め（規定では、専攻を換えるための条件は一年生の学期試験で二つの科目でトップ五位に入らなければならないことになっている）、今年になってから正式にわたしたちの学部の学生として授業に出席した。何人もが言った。「雪娟は幸せ者だな、彼女には目標がある。自分が好きなものを知っていて、最終的に自分が好きなものを選べたんだから」。

二年生の余慶、呉敏、趙朝挙はみな農家の子どもたちだが、みなこの専攻を好きになり、今では寝るのを惜しんで自分が撮った作品の編集をしている。呉敏が一度授業で言っていた。「ぼくらはみな兄弟姉妹だ。お互いに助け合い、先輩がぼくらを引っ張り上げてくれ、ぼくらは後輩を引っ張ってなにかをやり遂げるんだ」。

すでに卒業した亢松は北京電影学院の大学院を受ける準備をしていて、ときどき授業を聴講に来ては五年前と変わらず居眠りをしている。

一年生の文呈平の実家に行ってみた。彼の村は学校から車で二時間ほどのところにあり、海寄りではないものの、村全体の土壌は土ではなく砂だった。わたしがこれまで見てきたなかで唯一土のない農村で、枯れたスターフルーツやサネブトナツメの木を除けば、緑もなかった。野菜は植えられないし、草だって生えていない。文呈平が学んだ小学校はすでに荒れ果て放置されていた。実家の庭のそれほど高くない門には、半年前に彼が大学入試の結果発表後に自分で貼った対聯(19)がそのまま残っていた。それは「ランキングの位置がなんとかかんとか……」と書かれていた。わたしがやってくるまで、彼は村からずっと離れた畑で落花生の世話をしていたそうで、「砂地では他のものは植えられないから……」と言った。

一年生の安飛虎は一度授業で発言したとき彼が見せた意気軒昂さに、クラス中の人が彼が心に抱えている不満が現実と不釣り合いなところを感じ取った。そして彼が大きな理想を抱いていることも理解した。

深圳からドライブして訪ねてきた知り合いがふと、「学校にはいくつ門があるんだ」と尋ねた。三つよ、とわたしが答えると、「じゃあ、バーがあるのはどの門だ?」と言う。「さあね」と答えると、彼は言った。「きみたちの学校の女子学生がバーで酔客のおしゃべりのお相手をして、一時間六〇元(約七二〇円)取っているらしいよ。なかなかいい商売だよね」。知らなかった。この人は五十歳をちょっ

(17) 招待所:もともとは政府機関や国有企業が職員たちの出張用にもうけた簡易宿泊所だが、いまでは一般に開放しているところも多く、安価な宿泊先として利用されている。
(18) 客家:「はっか」。中国の民族の一つで、独特の言葉や文化を有し、中国東部や台湾に点在して暮らす民族。鄧小平やシンガポールのリー・クアンユーも客家の出身である。
(19) 対聯:春節や祝い事の際に家の出入り口の両側に貼る、二枚の赤い紙に書かれた対句。

と過ぎたくらいで、お腹が出っ張っていて言いながらへらへらと笑い、その笑顔はなにかを隠しているように感じた。彼はわたしに、分かるだろ、と言っているようであった。

二〇一〇年三月　深圳にて

この年はそれまでとはガラッと変わった。

まず、一人ひとりの名前を覚えるなんてできなくなった。授業が始まる三日前に受け取った学生名簿は八枚綴りで、四つの専攻志望の子たちが四百人ほど並んでいた。十七回の授業に皆勤賞だった子たちですら、ほとんどが学期末の時点でも見慣れた顔というレベルでしかなかった。ただ幸運だったのは、わたしが名前を覚えたかどうかは、お互いの交流と気持ちの障害にならなかったことだ。

授業の内容も一変した。作文担当から詩の授業の担当になった。わたしの好みからいえば、一番やりたくない授業だった。というのも、詩は教えられるものではないからだ。なので、ほとんどの時間をゆっくりと一緒に読むことに費やし、わたしの考えは簡単に二言三言、言葉の後ろにカッコつきで述べる程度にした。わたしの役目はある種の理解を提供することだけで、一人ひとりがそれぞれに理解すべきで、良い詩とは自然にそうやってさまざまな理解を引き起こすのだと強調しておいた。

この五年間の「上課記」のうち、この年だけ「テーマありき」で書いている。十一月末に提出させた作文を読んでいたら、「生活の隅々で一人ひとりの子どもが輝いている」という言葉を目にして、すぐにこれをメモして、「二〇一一年度上課記」のテーマにしようと決めた。この言葉を作文に使った周超と特になにか話した記憶はないのだが、わたしは自分の立ち位置が彼らの真ん中に移ったことを感じ取った。

自分を振り返ると、わたしは十九歳の春に農村の人民公社に送り込まれ、谷あいの土地で草を抜きながら、農作業はとにかく大変で、なんの将来もないと思っていた。今の「九〇後」が置かれた状況はそれに比べてずっと複雑だ。

一九七〇年代末に「我不相信」[1]〔わたしは信じない〕という詩の文言があったが、今では「わたしは信じない」はすっかり普通のことになってしまい、現実になっている。寄ってたかって「九〇後」を批判する人たちは、なぜこの年齢の若者たちを自分の同じころと比べないのだろう?「茫然」と「盲従」はまったく違うことなのだが。もしかしたら希望は深く隠れているだけで、まだ顔を出していないだけなのかもしれないのに。

「九〇後」が大人になった

わたしの耳には、彼らに対する批判ばかり聞こえてくる。彼らはなんの準備もないまま、生まれたときから、あっちこっちからこれでもかこれでもかとけなし言葉の集中攻撃を受けてきた。しかし、同じ土地の穀物を食べ、同じ土地の水を飲んで、彼らは成長し、もう大人になった。

二〇一〇年の秋から始まったこの学期は十八週間分授業があった。その間、わたしの前で一日中ぴょんぴょんと跳ね回り、わさわさと動き回っている子たちはほぼ「九〇後」、一九九〇年代生まれだった。授業に行く道すがら、大股で後ろから歩いてきた男子学生が四人、わたしを抜くとき、そのおしゃべりが耳に入った。

「九〇後」は堕落しているんだってさ。

違うよ、「八〇後」のほうが堕落してるぜ。
「七〇後」や「六〇後」は堕落してないのかなぁ？
堕落してるよ、みんな。群衆はしっかり見てるよ、へへ。
堕落がなんだよ？　別に悪いわけじゃねぇだろ。

彼らの後ろをついて歩きながら思った。この落ち着きと諧謔的なところ、ほかの世代の人たちにはほとんどない面だわね。

大学というところは流水の受け皿である。芝生の上では愛を語り合う人たちがいるかと思えば、サークル通りではドラムが朝早くから夜遅くまで鳴り響いている。彼らは恋愛する一方で音楽だって大好きで、飛んだり跳ねたり歌ったり叫んだりするのを目にしてきた。

ある夜、一人の学生と話していたら、彼は自分のことを「ぼくら可哀想な小さな虫たち」と呼んだ。「可哀想な小さな虫」という位置付けはいったいどこからどんなふうに出来上がったのかしら。

あるスピーチ大会

週末、学校のスピーチ大会に呼ばれて審査委員を務めてほしいと言われ、引き受けた。会場に入るとすぐにわたしの学生が目に入った。彼らは驚き、「せんせい、なんで来たの？　せんせいはこんな

（1）「我不相信」：詩人北島が一九七六年に発表した詩「回答」の中の言葉で、強権によっての押し付けに「わたしは信じない！」と叫んで立ち向かうという姿勢を表明した。当時は文化大革命という政治の嵐が終わった直後だった。

ところには来ないと思ってた」と言う。うふふ、どんな場ものぞいてみなくちゃ。

「創先争優[2]」が今回のスピーチ大会のテーマだ。実のところ、その内容は似たりよったりで、適当になんらかのテーマを安易にくっつけただけだ。現場は大げさで古臭い物言い、友だちの応援団、情緒的な評価コメント、拍手と握手と敬礼と賞の授与、どれもこれもテンプレート化されている。一番記憶に残っているシーンは、白いシャツと黒いスカートを身につけた少女が、どうしたら出せるのかというくらいの甲高く、力強い叫び声で、セリフを諳んじてみせてお辞儀をし、くるりと振り向いたとき、強いスポットライトに照らされたあの若い顔が一瞬に衰弱し、疲れ果てた灰色になったときだった。人間は彼女なのだが、顔はもう彼女ではなかった。彼女が一息に長い息を吐き、すたすたと小走りに舞台の裏へ駆け込んでいく様子に、中国語の「揺身一変」〔豹変〕という言葉を思いついた。

大会は見たところ、それなりで、十分ににぎやかで、舞台上と下に数百人の人が集まっていた。誰だってこれがそういうお膳立て、イベントであり、審査員が順位を発表し、音楽の中で賞を渡し、わいわいがやがやと会場から人が去り、雲散霧消していくものだと知っている。スピーチや演説の内容とその個人の気持ちや感情が完全に分裂していて関係ないことも。会場を離れれば、学生たちはきゃあきゃあと騒ぎながらばらばらに日常に戻っていく。スピーチ大会に参加した学生が言った。一回戦から準決勝、決勝までの時間が長すぎて、疲れました。早いところ終わってほしい、何位だろうがもういいから。

「その場」を離れれば、彼らはとても素直で直接的、率直になり、心の中で感じていることをすべて話してくれ、言葉を濁すようなことはしない。さらにもっと生々しいことだってある。たとえば、奨学金の分配になると、ある男子学生は突っ込んでいって女性学級委員に大声をあげる。それもわたしの目の前で起こった。

今学期の卒業生クラスの最後の授業はみなで詩を読んだ。授業が終わると、梁宵がわたしに一枚のメモを手渡してくれた。

「感動しました。このやり方は絶対に続けるべきだと思うのに、理性とやらが目覚めて、狂ったようにぼくにあのクソみたいなマスクを被せようとする！」。まさにマスクを付けるかつけないかの間で、彼らは成長しておとなになり、世間というものに触れるのである。そして、彼らのうち誰かはその二つの間をとても熟練したふりで、またすっかりと慣れきった様子で行き来できるようになっている。あるとき、日頃よく一緒におしゃべりをする学生に訊いてみた。「あなた、本当に思いつくままに話していいと思ってるの？」。

彼は逆にわたしに尋ねてきた。「怖いものがありますか？　ぼくなんか貧農の三代目なのに」。この答えにわたしは驚いた。彼をじっと見つめ、彼は本気でそう言ったのだ、笑わせるつもりなんてこれっぽっちもないということを確認した。今の時代に彼らに与えられたさまざまなマスクの中に、「貧農の三代目」なんてものがあるの？

詩の授業

この学期に担当したのは新しく開講された「新しい時代の詩のガイダンス」だった。

もし、就職こそが中国の高等教育の目的ならば、なんの役にも立たない現代詩の授業は明らかにや

（2）「創先争優」：「早く生み出し、その優秀性を競う」。前へ前へ、賞賛を受けなければ、と前のめりの時代に使われた言葉である。

りにくいものになってしまう。わたしは不安だったが、自由選択科目扱いだったのはラッキーだと思った。もし十人しか来なかったら、この授業はやりやすくなるし、逆に効果が十分期待できる。しかし、教室に入ってぎっしり学生が座っているのを見てめまいがした。昨今の選択科目というのは実は必修科目と同義語だということを知ったのは後のことである。

ある意味、詩の授業なんて他の授業と比べて特殊でもなんでもなく、ほぼ同じやり方をするしかない。無用な授業が終わった後、彼らの心の中に微塵でもいい、なにかを残すことを、彼らの心に触れることをどうやったらできるのか、が難点だった。そしてそれこそ、わたしがこの授業を引き受けた個人的な目的だった。ここ三十年余りの間にこの地に次々と出現した詩人たちはそれぞれどんな作品を書いたのか、これらの詩はいかに複雑で重苦しい現実を抜け出してそこに至っているのかを彼らに理解してもらうこと、それがわたしが期待する最低限のレベルだった。さらに言った。「あなたがた一人ひとりはその身の上にそれぞれ詩的なものをまとっているのよ」と。

学期中に目にしたのは、小中学校の教材教育の詰め込み効果だった。古典詩は中国の学生に相当深い影響を与えており、まだ初々しく純粋な新たな生命たちは、与えられたものをそのまま受け取るという習慣が深く根付いていた。多くの人たちは古典詩を「過去形」ではなく「現在形」として扱う。その豊かでぶ厚いコンテクストはすでに消え去り、古人の山河は今の山河ではないにもかかわらず、十二年間の教育は彼らの心に「古典詩のみが深く美しく、すべてを超越するものなのだ」という揺るぎないイメージを作り上げていた。

大学の授業で突然現代詩に触れた彼らの多くが、まるで口語による詩が彼らの古典詩の地位に取って代わろうとしているかのような抵抗感、さらには反感を示した。多くが「そんな授業があるなら出てみようか」程度の気持ちで来ていた。そうして、だんだん彼らの変化を感じるようになった。この授業を一九七六年以降の歴史の授業だと考えているかと思えば、現代詩を理解しようとしたり、好きになってくれた学生もいた。中学生の時から現代詩を書き続けてきた学生もいた。小さなノートを持ち歩き、いつも即興的に短い詩を書き留める学生がいた。「九〇後」もまた無数の個体の集まりであり、一概に論じるわけにはいかないのである。

李国成は、毎朝一人で芝生の上で大きな声で「相信未来」（未来を信じる）を十回暗誦していると言っていた。このとき、「相信未来」の作者はすでに食指ではなく、李国成という大学生になっていた。

鄭貝芳は、「なんで名作名言を諳んじなければならないの。なんで必ず詩を好きにならなければならないの、人の心を動かすのなら汚い言葉だってわたしにとっての詩だわ――わたしは世の中を驚愕させるような文才はないけれど、感覚は持ってるの！」と言った。

王賓は作文にこう書いた。「高校の国語の授業で、先生が詩人の顧城に触れて「彼がとても有名な詩を書いたのを知ってる？」と尋ねたとき、クラスメイトの一人が大きな声で「知っている」と答えた。先生が彼に「じゃあ答えて」と言ったら、そのクラスメイトは得意気に立ち上がって、「黒板はぼくに黒い目をくれた、ぼくはそれを使って光明をさがす」と書き、クラス中が大爆笑した」。

(3) 一九七六年以降の歴史：文化大革命（文革）後の歴史を指す。当然のことながら、十年間吹き荒れた文革時代の影響を色濃く残した時代のことである。
(4)「食指」：一九四八年生まれ、中国で「朦朧詩」と呼ばれるジャンルを作った詩人の一人で、「相信未来」はその代表作。「朦朧詩」とは一九七〇年代末期から八〇年代初めに流行したスタイルで、精神世界を題材に、自分と隠された自分を描き、イメージ表現が多かったことからこう呼ばれるようになった。
(5)「顧城」：朦朧詩の詩人。件の部分は実際には「黒夜がぼくに黒い目をくれた、ぼくはそれを使って光明をさがす」が正しい。

またある学生は、「ぼくの両親は昔、恋愛中にお互いに詩を書いてやり取りした。だからぼくは当時現代詩がとても流行っていたのを知っている」と言った。

二週目の授業はちょうど「教師の日」[6]だった。張郎郎[7]の一九七〇年代に関する思い出から始めた。「監獄の中で、いつものグループが張郎郎を取り囲み、彼が作った話を聞いていた。ある若者が突然彼らを遮り、大きな声で詩を暗唱し始めた。張郎郎は驚いて、それはなんの詩だ？　と尋ねたら、青年が言った。おまえらは井の中の蛙だな、これは有名な詩人の食指が書いた「相信未来」だよ、と」。

ここで、わたしは「相信未来」の全文をスライドで映し出した。最初の一言を読み始めたら、教室のあちこちから続いて読む声が始まり、すぐに教室中が声を合わせて大朗読になった。この自発的な斉唱は自然に起こり、現場で実際に体験しなければきっとあの異様なほどの温かさは理解できないだろう。あの感覚を描写するのは難しい。再現することもできないし、あとになってそれを記録しようとするのはあまりにもわざとらしい。わたしはこれまで六回「教師の日」を過ごしてきたが、あれはわたしへの最高のプレゼントだった。

学期を通じて、授業では詩を読む係の希望者を募ったのだが、だいたい学生の二〇％くらいが手を挙げた。期末に近づいたとき、詩を読む授業に入ろうとしたら、朗読係のリストに自分の名前を書き込もうと前に出てきた学生たちが教壇に溢れんばかりとなり、なかには自分がリストの後ろすぎてチャンスがないのではないかと、なんども戻ってきては自分の名前を前のほうにずらした子もいた。その結果、学生百十六人のクラスでなんと七十六人が前に出て詩を朗読した。みながあまりに積極的だったので、臨時にもう一コマ授業を増やしてやっと一人残らず詩を読んでもらうことができた。この七十六人のうち半分は故郷の方言で詩を読んだ。そして、九〇％を超える子たちは伝統的な口調を使わずに暗誦した。

甄淑静は、「第三教学楼五〇五号室に書かれた未完成の詩」を詠んだ。

這一年、朋友爬上一座山
他讓春風捎來一封信
我在山路上読、在田野裏読
用心情読、用郷情読
我終於読懂了
爬山的政治、與童年無関
因此、他留在山下的一些事情
我得努力去做

為死去的郷親焼些紙銭
抽空去看看他郷的初恋情人
還有老家的那口古井
那些蜷縮在牆根下晒暖暖兒的老人

この一年、友だちが山に登った
彼が春風にのせて手紙をくれた
ぼくは山道でそれを読み、畑でそれを読んだ
心でそれを読み、郷愁でそれを読んだ
そしてやっと意味が分かった
山登りの政治は、子供時代とは関係ない
そこで彼が山のふもとに残していたことを
わたしは一所懸命にやらなければならない

亡くなった故郷の人のために冥銭を焼き
異郷の初恋の人に会いに行く
そして、昔の家のあの古井戸にも
あの塀の下にうずくまって暖をとる老人にも

(6)「教師の日」:中国の「教師の日」は九月十日。一九八五年の法令で定められた。
(7)「張郎郎」:画家、詩人。父親が中央美術学院の院長を務めた知識人だったため、文化大革命の際に投獄された。

做完了這些
我也開始爬上那座山
找到一棵掛満絲帯的許願樹
在她滄桑乾癟的身軀上
温柔地撫上一把

それらを終えてから
ぼくもまたあの山に登り始める
そして願い事がいっぱいかけられた願掛け樹の
その年月で干からびた身体を
優しく手でなでてあげよう

この詩のことを、彼女はこう説明した。前年末、授業がつまらなさすぎて机につっぷして寝ようとしたとき、机の上に書かれていた小さな文字に気がついた。それは詩だった。興味を持った彼女はその場で詩の続きを書き足し、それをノートの上にも書き付け、タイトルを加えた。そうして生まれたのがこの二段の詩だという。前半は机の作者の無名氏によるもので、後半は甄淑静が書いたものだった。

また、海子(8)を専門に取り上げた授業のとき、安徽省懐寧出身の陳吉が周囲のみなに、自分と海子は同じ村の出身だと言ってクラス中から歓声が上がった。みなに故郷の言葉で海子の詩を読むようにとはやし立てられ、陳吉は歓声と拍手の中で教壇の上に立った。

十月八日には顧城を取り上げた。一年生の董錚錚が授業を覗きに来て、授業が終わるとわたしに教えてくれた。「今日は顧城の命日ですよ」と。あら、顧城の同世代であり友人だというのに、わたしはうっかりしていた、董錚錚に言われて初めて思い出すなんて。

一学期だけで彼らに現代詩を好きになってもらう能力はわたしにはないし、そのつもりもなかった。だが、彼らはあの特殊な時代の歴史を理解してくれたはずだし、今後数十年のうちに彼らがもしかしたらまた現代詩に触れ合う機会はあるだろうと思っている。

二人の詩人に出会う

十一月、詩人の江非[9]を招いて学生の前で彼の詩を読んでもらった。あの日は雨が降っており、江非は四十キロ離れたところから長距離バスに乗って、ボランティアで詩を読みに来てくれた。個人的にお願いしたから、報酬はなかったのに。学生たちに詩人が自分の詩を読むところを聞かせたかったのだ。江非には本当に感謝している。かつて首都師範大学で卒業後に学校に任用された初めての詩人が、この辺鄙な学校の学生たちに詩人の声を聞かせてくれたのだ。これより以前、学生たちが聞いたことのある詩の朗読は、テレビ放送のあの声高なうわずった、わざとらしい感情を込めたものだけだった。目の前に現実に立った普通の人は、昼間は仕事先で働き、夜は詩を書いている。ある女子学生が言った。思いもよらなかった、普通のお兄さんみたい、とても安心感があるわ。多くの学生が、なんだ、こんなに「詩人っぽくない」詩人がいるんだ、と感想をもらした。

もうひとり、わたしが彼らに引き合わせた詩人は、寧夏塩池の農民、張聯[10]である。三年前に詩人の張聯を訪ねて彼の暮らす田舎の村を訪れ、写真を撮った。そこから五十枚ほどを選んでスライドで授業中に投影してみせたのである。わたしが思った以上の大反響で、新しいスライドを開くたびに、学

(8)海子：詩人。一九八九年三月、万里の長城の一角、山海関近くの鉄道で自殺し、伝説の詩人になった。
(9)江非：一九七四年山東省生まれの詩人。
(10)張聯：同志社女子大学の山本由紀子准教授による「中国の農民詩人張聯とその詩」(http://bit.ly/2CxZiDV)によると、張聯は一九六七年寧夏回族自治区の農村で生まれた。中学卒業後、羊の放牧をしながら文学を読み、詩を書き始めた。一九八八年からは五年間、現地の小学校で代用教員も務め、この頃から詩の投稿を始めた。

生の間から声が漏れた。わあ羊だ。鶏だ。かまどだ。鍋だ。市場だ。店だ。古ぼけた戸棚だ。荒れ地だ。狂人のような楡の木や風が砂を巻き上げている、古ぼけた万里の長城。街角にうずくまって羊を売る年老いた農民。それらを見る学生たちの目は、まるで彼ら一人ひとりのふるさとが目の前に展開しているかのようにきらきらしているのが分かった。

授業が終わると、丁小麗がやってきて張聯の電話番号を尋ねた。彼女の実家は張聯の隣の県にあり、冬休みに時間を見て塩池に行って、あの張聯という詩人を訪ねてみたいと言う。王婷婷はその場ですぐに張聯にショートメッセージを送った。

農民張聯は学生たちの心を大きく揺り動かした。というのも、彼らはまさか、春に雨が降らず、この一年の間大した作付けもできないような荒漠とした風景の中に、詩を見つけることができるなんて想像もしていなかったからだ。農村からやってきた学生は農民詩人の張聯に大変励まされたようで、尊敬して止まなかった。

この授業以前の彼らにとって、詩人は特殊な人だったようだ。印刷物にある名前は、人間界とはなんの関わりもなく、狂ったおかしな世界に暮らす狂人だと思っていたのだ。彼らが詩の授業を通してこの世の中で暮らす、大多数の人以外の個体が存在することを理解してほしかった。彼らは敏感で脆弱でそして苦労し、この世に軽々しく同調せずに人生を生きている。詩人の多くはそんな人たちなのだ。

一冊の本のリレー――北島『城門開』

香港オックスフォード大学出版局の『七十年代』(11)を持って授業に行ったら、一人の学生がそれを開いて眺めていた。貸してあげるわよ、と言うと、彼はそれを手にとって、「わ、こんなに重い！」と言った。

一人の女子学生がやってきて言った。日ごろ読む本は、文学が少なくて、厚い本はなく、ほとんどが写真のものばかりだと。

ネット時代は図書の軽視を激化させている。古典や名著も敬遠され、その地位を失っている。学生もまた教師の言いつけを守ろうとせず、個人的に関心を持ったある種の情報への探求や研究をするようになり、ほとんどが教師から遠ざかっている。詩の授業でわたしはできるだけ関連資料を紹介するようにした。海子が手でしたためた詩の原稿、顧城の手紙、一九七九年の『今天』と『這一代』[12]など、図版があって初めて真実だと言われる時代に、実物はさらに説得力を持つ。

ある学生に北島の『城門開』[13]を貸した。本を渡す前にさっと、『城門開』の間に何枚かの白い紙を挟み込み、彼にそこに感想を書き留めるようにと言い含めた。約三カ月後に本が戻ってきたが、なにも言葉は残されておらず、あの紙も残っていなかった。このことがきっかけで、わたしは『城門開』のような厚くない本を一人の学生がどれだけかけて読むのかを調査してみたいと思うようになった。すると、二十人の学生が読みたいと申し出た。わたしは二つの条件をつけた。一つ目は書評を書くこ

これらの投稿が人の目に止まり、次第に詩の世界で知られるようになった。

(11)『七十年代』：文学者の北島が編集した、一九七〇年代の中国を振り返ったエッセイ集。文化大革命後期の複雑な思い出が凝縮されている。著者も執筆者の一人である。

(12)『今天』と『這一代』：『今天』は一九七八年に北島らが創刊した詩の同人誌で、北島や江河、芒克、鐘阿城など朦朧詩人らが集った。その後発禁に。『這一代』は全国十三大学の一九七七年、一九七八年に入学した文（国文）学部学生らの作品を掲載し、一九七九年十一月に創刊された。しかし、当時の政治指導部に批判されて、一号しか発行されなかった。

(13)『城門開』：北島のエッセイ集。北京生まれ北京育ちの彼が長い海外生活の後でふるさとに戻り、体験した見知らぬ古都での日々と思い出を綴った。

と。二つ目はわたしはみんなが読むスピードを調べているので、できるだけ集中して読み、さっと次に手渡すこと。彼らは突然興味を感じたようで、次々と参加すると言い出した。せんせい、これって漂流ボトル(14)みたいですね？　もとはといえば、わたしはただ一冊の本のリレーをしようと思いついただけなのに、そこにもゲーム感覚があったとは。

最初の一週間が過ぎ、わたしが尋ねると、まだ一人目が読み終わったところだという。わたしは、これは調査なんだから急いでね、と催促した。一カ月が過ぎ、十二人が読み終えたと言った。平均して一人あたり二日ちょっと。みんな書評をメモしていた。余亭は声をあげるのが遅かったので一番最後になってしまい、自分から中国三聯書店刊の『城門開』を買って読み、読み終えてからなかなか鋭い書評を書いた。

本を読みたいと思っている学生でも、自分がなにを読めばいいのか分からないことはたびたびだ。買うとなると高いし、お金がない。図書館には大した本もなく、聞くところによると整理がなされておらず、どの本も戻すべき書棚に戻されていないのだという。また図書閲覧室は大学院進学希望者たちに占領され、一旦「院を受けるから」と言われたら、他の人間は席を譲らなければならないというのが、秋以降の不文律になっていた。年末のキャンパスは大学院入試を受ける人たちが巨大なグループを成していた。体育館の観客席の一角では英語が暗唱され、そこを通りかかるとわたしはいつも空に向かって狂ったように吠えたくなった。

四人の学生が大学院の入試が終わってからわたしに連絡してきて、やっと終わりました、と言った。多くの人たちが地球の外の力に引っ張られるかのように試験を受けに行き、それはまるで自分とは関係がなく、ある種の手順であり、それが終われば片がついたんだから、はいさよなら、といった風情だった。

今学期では他に、『夾辺溝記事』(15)『尋找家園』(16)『国家の記憶――アメリカ国家文書館所蔵中国・ビルマ・インドの戦場映像』『中国在梁莊』(17)の四冊の本を紹介した。

ニュースと歴史

二〇〇七年にたまたま授業に採用したニュース紹介だが、その後これは欠かせない課題だと感じるようになった。

二〇一〇年九月から十二月にかけて、相変わらず社会ニュースはたくさんあったが、あまりに突然で心の準備ができていないようなものもあった。最初の一カ月はわたしがニュースを準備したが、その後学生が自分からそれに参加するようになり、学生の約十分の一が教壇に上がってニュースを紹介した。彼らは下準備をして、写真を配置して、音楽を加え、また個人の視点で時事に短い論評を行った。

(14)漂流ボトル：もともとはガラスのビンに自分のメモや思い出の品々を入れて海に流すという「タイムカプセル」のような効果を楽しむものだったが、当時の中国ではオンラインチャットソフト、QQのサービスの一つで、匿名の人物が不特定の人に向けて文章などを発信できる機能で、もとは知らない人同士がオンラインで知り合うきっかけとしてゲーム感覚で利用された。

(15)『夾辺溝記事』：楊顕恵著、二〇〇八年刊。甘粛省酒泉市の砂漠地域にある夾辺溝の農場に一九五七年から右派分子と認定された三千人が送り込まれたが、大飢饉などで多くの人が亡くなり一九六〇年に生き延びたのは半分以下だったという現実の悲劇を背景に書かれた小説。

(16)『尋找家園』：一九三五年生まれの芸術家高爾泰が一九五七年に右派とみなされ、夾辺溝の強制労働所に送られるなどさまざまな苦難を経てきた自分の人生を振り返った自叙伝。

(17)『中國在梁莊』：作者、梁鴻がふるさとの河南省梁莊で崩壊する農村の様子を描いたノンフィクション作品。

彼らが選ぶニュースは、わたしが選ぶよりさらに生き生きとして時代性があり、時にはずっとシャープで鋭かった。ネット時代は情報過剰で、面白いものや自分に直接関係しているものすら見終わることができないほどある。ウェブを閲覧していて飛び出してきたニュースのポップアップをすぐに閉じてしまう人もいる。授業でニュースについて語り合うことに、九〇％以上の学生が賛同し、興味を持ち、さらにはこのために授業にやってくる学生までいた。わたしは彼らにこう求めた。「ニュースに注目し、現実に目を向けてほしい。身近で起こるすべての事件がわたしたちの生きている背景とわたしたちの未来に関わることなのだから」。

ニュースと同じように重要なのはやはり歴史だ。ニュースや事件はすべてそれが起こった後で自然に歴史となる。わたしたちのこの瞬間も次の瞬間には歴史になってしまう。歴史の真実とは書籍上だけではなく、実際にそれを生きた具体的な一人ひとりの記憶に息づくものなのだ。

わたしがこう言うと、同意する学生もいれば、疑いの目を向ける者もいた。歴史については、学生とこんなやりとりをしたことがある。

学生：せんせいは日ごろ、なにを読んでらっしゃるんですか？

わたし：歴史が多いわね。

学生が振り向いて尋ねた。わたしたちの教科書の？

彼女の顔つきから、彼女が言っているのはきっと学校の歴史教材のことだと確信した。

歴史的事件とその詳細の多くは、高校や大学の入試では触れられず、多くの中学や高校の教師はそれらを覚える必要はないと言い、覚えるべきことが覚えられずにきてしまっている。受験に失敗したような子たちはなおさら覚えていない。新学期が始まったとき、アンケートで「あなたが知っている新時代(18)の詳細」について尋ねたが、ある学生は「知らない」とだけ書いていた。わたしが彼らに知らせなきゃ。

学生名簿とばらばらの砂

わたしの手元には、二〇〇五年以降教えてきた学生たちの名簿が残っている。二〇〇五年に教師が手にできたのは、学籍番号、氏名、性別、寮番号、個人電話、寮の電話、実家の住所、実家の郵便番号、家族の電話番号だった。その後、それは年を追うごとに簡素になり、二〇一〇年に配られた学生名簿には、ずらずらと数字が並ぶ学籍番号の後ろに学生の氏名、その二つだけだった。男女の別すら書かれていなかった。

詩の朗読の授業に申し込む際、あるクラスの学生はまず学籍番号を書き、後ろに自分の名前を書いた。なんどか学籍番号はいらないから名前だけを直接書き込んで、と注意したにもかかわらず、何人かがそれに従ってもすぐにまた自然に学籍番号が復活した。

なぜなのかしら。

彼らが答えた。「慣れです。先生たちが学籍番号を書くように言うんだもの」。

学生一人ひとりが一組の数字で表されるなら、教師は電子名簿と紙名簿上でそれを見つけ、点数を書き込みやすくなるだろう。だが、数字が人の代わりにされてしまえば、教師は一人ひとりの学生を

(18)新時代：一九四九年の中華人民共和国建国後の時代。

覚えたり、理解したりすることができなくなってしまう。

まさにこうした学籍番号を書き込むのが「大好き」なクラスで、ある学生がこう言った。「わたしたちは入学したばかりの軍事教練で学部長に怒られたんです。わたしたちは皿に集められた砂だって。それから先生たちはみんな、わたしたちのクラスに頭を抱えてしまい、このクラスからは将来大した人物は出てこないだろう、ばらばら過ぎる。グループ活動ですらできずに、みんな自分勝手なんだから」と。

じっくり観察したが、このクラスはそれぞれがとても活発で生き生きとし、自分の考え方を発言したがる子たちだった。

皿に集められたばらばらな砂というのは習慣的にけなしに使われる言葉で、わたしも学生時代にたびたび耳にしてむっとした言葉だ。皿に集まったばらばらな砂、それこそが現代人の最も普通の常態で、一皿のばらばらな砂こそ大勢に流されず、騒ぎにのせられず、非理性的にならず、一挙に刈り取られることもないはずなのに。

逆に、一皿のばらばらな砂と決めつけられたことを多くの学生たちが大変気にしていて、残念がり、多くの子がわたしとこのような物言いについて意見交換をした。年齢や出自、経済条件やまだ分からない未来が、彼らを特に弱々しくさせ、ことのほか集団を追い求め、多くの人たちから温かさや力を得たいと求めていた。梁紀元と李亜駒からは特にそんな渇望を感じた。

質問

黒板を消していると、男子学生が一人やってきて「自分が消します」と言った。わたしは「字を書いた本人が消せばいいわ、当然のことよ」と答えた。すると、「先生に言われたんです、学生は先生のために黒板を消すべきだって」と言う。「どの先生に？」と尋ねると、彼は「どの先生もそう言います」と答えた。

実のところ、二〇〇五年に比べて唯々諾々とした学生は年々減っている。

沙嘉が作文の中でこう書いていた。「わたしは脳みそのある人はみな尊重しています。でも、他人の脳みそでわたしをはからないで。わたしの脳みそは三角形よ、だからなんだっていうの！」。

ある授業のとき、話すべきことが多すぎてニュース紹介の時間がなくなってしまった。授業が終わると多くの学生がやってきて、「なぜ今日はニュースがなかったの？」ときいた。

ニュースの内容に彼らはとても真剣になる。ある学生は、「今日のニュースではなんで貴州の六盆水の学生食堂が取り上げられていないんだろう？」と尋ねてきた。

梁紀元が質問した。せんせいは最後の授業で黄家駒の「海闊天空」[19]を流すって言ってたのに、なんで流さなかったの？

学期の終わりに、梁紀元はわたしに二本のメールをくれた。一本目は少々婉曲な表現だったが、二本目は直接的で、エントロピー[20]について語り、個人と集団の関係に触れていた。まさにこのメールで、彼らの群れの協力やグループ的なものへの希求を感じた。

授業の作文ではこんなことをやってみた。「一枚の絵に詩を添える、あるいは詩意のある文字を添

(19)黄家駒の「海闊天空」：黄家駒は、香港のロックバンド「Beyond」の中心人物。「海闊天空」は彼が亡くなる前の最後の曲で、広い世界を求めて旅立つ若者が家族に詫びつつ、世界の広さを歌った。若者の自由と未来を希求する歌として死後二十年以上たった今でも多くの人たちに歌い継がれている。

(20)「エントロピー」：熱力学や情報理論で使われる、原子配置の不規則性を示す量数のこと。

える」。休憩時間に、肖会会がやってきて尋ねた。「せんせい、なんにも感じなくてどうやったら良い詩が書けるのかしら。詩意ってとっても難しいし、たとえわたしたちがたくさん詩を読んでも、すべてのものに詩意を感じるわけではないし」。わたしは言った。「そのとおりだと思うわ。あなたは、個人の気持ちのリアルさ、ピュアなところを守ろうとしているのよね。今日は試験の代わりにするための思考の訓練でしかないのよ」。

期末テストの前、試験で不正を働けば大変な目に遭うわよ、と注意しておいた。すると、一人の女子学生がさっと立ち上がって、大きな声で言った。「不正するのが悪い人なんてことはないわ!」

観光学部の呂翼と趙一帆、陳帥が一緒に読書会を組織した。最初のイベントにわたしも参加したが、参加した学生は多くなかったから自由で新鮮な意見が交わされた。読書会は学生たちが自発的に始め、厳しい規程を設けて本と読書の心得を共有しあおうというもので、学校の部活動とはなんの関係もない。発言の時間になって材料科学学部のある男子学生が発言したのだが、彼は緊張しすぎて落ち着かない様子で、日ごろほとんど発言のチャンスがないのだろうと感じた。その時、呂翼が一言、「理系の学生が受けている被害はもっと酷いですよ」と言ったのを覚えている。

ある学生が「自分の最大の力を尽くして社会を変えていかなきゃ」と発言した。

座っている学生から声が飛んだ。「キミ一人で変えられるとでも?」。

ほかの人が続けた。「もし本当に変えられたら、人間じゃないよ」。

冷静沈着な趙一帆に大学生の行動力を見た。彼はわたしに「噴嚏網」[21]の存在を教えてくれ、その後毎日わたしはそれをのぞくようになった。

呂翼とは少々不思議な縁といえる。あの日、授業で作文をやらせていて、教室内はとても静かだった。男子学生が途中、一人やってきて空いた席に座り、紙を広げて書き始めた。授業が終わってから彼は自分が観光学部の三年生だと自己紹介して、「ある計画があるんです」と言った。

彼の言葉によると、それは一つの奨励制度で、大学生の将来の収入の一部を事前に預かって大学教師に対する奨励基金とし、授業をする先生たちがさらに生き生きと小回りがきくようにしたいという。彼はそのためにさまざまな意見を聞いてまわっていると言った。わたしは、教師を激励するというモチベーションが、大学の法定管理者ではなく、呂翼たちから出たことがとても嬉しかった。

呂翼のアイディアは学校が始まったころにわたしが目にした光景を思い起こさせた。授業開始前、始業ベルが鳴るのを待っていたとき、ある女性教師が大股で教室に入ってきて、直接教壇に向かい、カバンから水筒を出して置き、また教科書を取り出した。彼女は教壇の前にすでにもう一人教師が立っていることにまったく気づいておらず、わたしが横から彼女を眺めていると、突然なにかが違うと気付いて慌てて表を引っ張り出した。そこにはびっしりと数字が書かれていて、それはたぶん他の授業の授業時間と教室割だったのだろう。彼女は忙しげに言った。「この教室じゃないわね？」。ささっと荷物を片付けて慌てて去って行った。教師によっては仕事量が週三十コマを超えていて、授業が多すぎて走り回って疲れ切っており、教室を間違えてしまうのだ。

若者は質問や疑問を持っていないのではなくて、その交流はほとんどが仲間との間で行われているだけだ。ほかに解決を求めたり表現することはほとんどないが、一旦自由な表現空間を見つければ、なんの忌憚もなく自分の考えを口にする。空間の希少さや狭さが彼らに対話環境への信頼を失わせ、

(21)「噴嚏網」：文章閲覧及び交流サイト。日々忙しい八時間の仕事の合間に「噴嚏」（くしゃみ）ほどの自由な時間を、というアイディアで設けられ、メディア上で紹介された大量の評論記事が毎日転載されている。http://www.dapenti.com/

話してもウマが合わない場合はすぐに話を止めて退避し、井戸の水を河へ流れ込ませないように[22]にするのだ。あるできごとの決定権が完全に相手の手の内にある時、人は多くの場合その機嫌をとって、自分が傷つくのを避けようとするものである。

卒業論文のテーマを選ぼうとしている学生と、こんなやり取りをしたことがある。

「ネット文学？　難しいわよ、資料が少なすぎるし。注意しとくけれど、韓寒[23]を取り上げるのは止めときなさいよ」。

答：知ってます、あの先生は韓寒が嫌いだから。

「あと張愛玲[24]もね」。

再び答：そうですね、あの先生は張愛玲も嫌いだし。

人が持っている質問本能って本来なら、相手がそれを好きか嫌いかで引っ込めたり、消え失せてはならないはずなんだけど。

四年生の授業

授業スケジュールに四年生の授業があるのに気がついて、やりにくいなぁ、と感じた。卒業を間近に控えた彼らにはすでに基本的には授業は行われておらず、大学院に進学する者、就職活動をする者、インターンに行く者と、それぞれが自分の道を求め始めるころだ。大学管理者が定めた賞罰規則なぞ、彼らにとってとっくになんの意味もなさなくなっており、学校を離れるそのときをじっと待っているような人たちが改めて詩なんかに興味を持つとは思えなかった。

心の準備はできていたものの、四年生の授業を持つことがなければ、あの「冷たい」ムードは分からなかった。授業にやってくるのはだいたい三分の一から半分、そして「超」がつくほど静かで、黙って入ってきて黙って教室を離れていく。一緒に出入りする何組かの男女の学生以外はほとんど会話がない。このクラスが入学してきたばかりのころ教えたことがあるが、三年前の彼らは決してこれほど重苦しい子たちではなかった。

次の授業が始まるのを待つ間も教室の中には声も活気もなく、あの若い顔一つひとつを彼らが大学にやってきたばかりのころの顔に戻してやりたかった。頭の中ではもっとヘンテコなことすら考えた。「彼らには血が通ってるのかな？　その血は赤いのかな？　とっくに白や青になってるんじゃないかしら？」。

もし、目の前のあの若い体軀がすっかり情熱を失っているとしたら、これから先の数十年をどう生きていくのだろう。彼らの身体のどこから新しい力が生まれ、あの生命を生き延びさせてくれるのかしら？

(22) 井戸の水を河へ流れ込ませない：「井水不犯河水」ということわざで、傍目にはよく似ているようでも、お互いに干渉しあわない、という物言い。

(23) 韓寒：一九八二年生まれの人気作家兼レーサー。高校一年で退学して書いた小説『三重門』が大ヒットした。正式な高等教育を受けておらず、また権力に対して反抗的な態度や言論をとるため、大学教授など「正統な」文学関係者にはかれを嫌う人が多い。

(24) 張愛玲：日中戦争の頃に作家として女性の情愛を描いた女性作家。彼女が中華民国政権支持者であったこと、また国難を背景にしながらも自身の恋愛や感情を貫いたことで中華圏には熱心なファンも多いが、やはり中国の体制派文学関係者の中では否定的な意見が多い。

この学期末の「詩を読む専門コース」をキャンセルしようかしらと思ったりもした。だれも申し込まなかったり、しらっとなってしまうのが不安だった。できるだけ、失望は顔に出さないようにと努力したが、わたしの心は萎えていた。

変化は授業中に起こった。歌手の崔健(25)と黄家駒の詩的な作品づくりを取り上げた日のことだった。崔のことを知っている人はもうほとんどおらず、黄の写真が出たとたん、学生が叫んだ。「黄家駒だ！」。すると多くの人たちが興奮し始めた。授業では黄家駒の作った何本かの歌詞と彼が歌う「海闊天空」の音声データを持ち込んだ。流していた「海闊天空」に、座ったままの学生たちがばらばらと、小さな声やうなるような声で歌い始めたのだ。

原諒我這一生不羈放縦愛自由
也会怕有一天会跌倒
背棄了理想誰人都可以
那会怕有一天只你共我…

自由を愛し追い求めるぼくをゆるしてくれ
いつの日か足を取られてしまうかもしれない
理想を捨てるのはだれにだってできるだろう
きみがぼくのそばにさえいてくれれば……

わたしは驚いた。まるで一筋の光が射してきて、あの晩教室に座っていた一人ひとりを照らしたかのようだった。改めてこの歌をもう一回流してみたら、みなが軽くハミングしながら「海闊天空」を歌い終えた。そしてわたしは彼らを激励した。「あなたたちも将来、くじけることを恐れずにいてちょうだい。どんなときでも決して理想を忘れないで」と。授業が終わると、学生が五人寄ってきて言った。「黄家駒の歌って、ぼくたちが高校時代ずっと歌い続けてきたんです」。

決して良い授業だったわけではなくて、思いがけず黄家駒が仲介になり、もうすぐ学校を離れていくあの大学生たちを高校時代に立ち戻らせたのだった。未来が見えないからこそ、昔のことがとても恋しく、振り返ってみれば感じるものも多く、「くたびれきった」彼らの慰めになってくれるのだ。

黄家駒の後は、また集中できないままの授業が続いた。わたしはとっくに気づいていた。教室のドア近くに座っている人たちが窓際に座る人たちより多いことに。ドア近くが人気なのは、終業ベルが鳴るとすぐに教室を飛び出せる最短距離だからだろうと、わたしは思っていた。

「そろそろ学期末ね」とわたしは言った。「ここが教室で良かったわ、もし飛行機だったら、たぶん機内乗務員はあなたがたに均等に座ってください、端っこに偏ったら、飛行機のバランスが崩れますって言うでしょうね」。

梁村が座ったまま言った。「せんせい、スクリーンを見て」。わたしは振り返って黒板の片側に取り付けられたスクリーンを眺めた。それはドア側近くに取り付けられていた。梁村が言った。「ここに座ればよく見えるんだ」。

わたしは彼らのことを誤解していた。ずっと彼らはドアから逃げる準備をしているのだとばかり思っていた。

詩を読む最後の授業はキャンセルしなかった。クラスは全部で七十六人おり、そのうち十五人が前に出て詩を読んだ。あの夜、彼ら全員から一冊のノートをプレゼントされた。そこにはたくさんの祝福の言葉があった。四十年あまり前に、わたしが中学校に上がった途端に一家全員で農村に行かされ

(25) 崔健：一九六一年生まれ、ロッカー。中国のロック第一世代の著名歌手。両親は軍所属の音楽家で、彼も若い頃は軍楽隊にトランペッターとして所属していた。一九八七年に革命歌「南泥湾」をロック風にアレンジし、処分を受ける。彼が作った「一無所有」(俺にはなにもない)は、一九八九年に天安門広場に集まった学生たちに広く歌われた。

た時も、これにそっくりのノートを受け取った。二〇一〇年末になってまた、生まれて二冊目を受け取ったのである。

十二月三日の朝、遠くからスーツを着た人が近寄ってくるのが見えた。見慣れた顔だった。わたしの学生だわ。でも近づけば近づくほどよく分からなかった。朝のキャンパスにスーツを来た若者はほとんどいない。彼もじっとわたしを見て、なんとなくぎこちなげにしている。痩せた身体にスーツは大きくてぶかぶかしており、両手で襟を引っ張っていた。卒業するクラスの王強だった。

わたしは尋ねた。面接に行くの？

彼は答えた。そうなんです、スーツを来てこいと言われたんで。

尋ねた。大学院は受けないの？

彼は言った。受けません。

どうしても我慢できなくてわたしは言った。スーツ姿なんて見慣れないから、その格好だとなんだか老けて見えちゃうわね。

彼は落ち着き払って、笑い顔を見せた。

その後、授業で王強の姿を見かけなくなった。尋ねると、彼は面接に合格して仕事を始めたという。彼が今後も毎日スーツを着て出勤するかどうかは分からないが、彼は自分で食っていける子だというのは分かっていた。以下、彼が提出した作文から三つほど抜粋する。

1　（夢について）あなたの前ではぼくは君子で、お金の前ではぼくは卑しい人間だ。ぼくは君子になりたい、でも、お金はぼくの顔に卑しい人間のお面を付けさせる。

2 （絵を分析して）太陽は大地を穏やかに照らしている。ぼくらは太陽を見ると激しく波打つ。

3 （詩についての記憶）中学三年生になったばかりのころから、ぼくは詩といわれるものを書き続けてきた。作文の宿題やテストもいつも詩で済ませてきた。作文は好きじゃないこと、もう一つは詩がぼくの考え方を表現できると感じたからだ。ぼくはずっと書き続けている。でも高校受験でビビってしまった。そこに詩を書いたら成績に影響して、受からないのでは、と。しかたなく諦めたけれど、ぼくは後悔した、心から。あのとき自分を貫き通せればどんなに良かっただろう！

以上が卒業を間近に控えた学生たちとのやり取りである。ある人は、「キミがどんなことをしようとも最後は無駄に終わるのさ。彼らは校門を出ていくと、すぐに社会に呑み込まれ、自分を見失って、波に流されていく」と言ってわたしを傷つけた。わたしは、みんながそうなるとは思わない。後の節で晏恒瑶と梁毅麟について触れることにする。彼らはわたしの支えと力になってくれるだろう。

茫漠

「知識改変命運」〔知識が運命を変える〕という言葉がある。それは、明らかに今の時代にはふさわしくない言葉だ。大学生には「茫漠」を討論することですらダサいと思われる。もし、運命が変わるのを見ることができれば、彼らはもしかしたらもっと努力するかもしれないし、二度と「可哀相な虫」などと自分を呼ぶことはないかもしれない。統計によると、二〇一〇年に中国の高校に通う学生のうち、大学に受け入れてもらえるのは二四％で、残りの七六％には高等教育を受けるチャンスはない。明らかに、高校から大学に入ること、この二四％に割り込むことは人生で初めてのチャレンジである。「九〇後」の親たちには他の選択はない、彼らが唯一参加できる戦争はこれだけなのだ。彼らはまだ習慣的に「高い学歴だけを夢見て」、一生懸命に働き、爪に火を灯すようにして貯蓄に励み、子どもたちを大学に送ろうとする。そして、大学を終えてからどうするかについては、彼らの想像も制御も及ばない。人は生きるために目標を持つが、彼らは子どもたちのために生きる。大学に進むことが必ずしも彼らの子供が望み、そしてふさわしいものなのかは別として、目下の彼らはこの悲壮な過程を望み、この過程の中において自分にも勝ちがあるのだと見出す必要があるのだ。それが最後には夢と散ってしまおうとも。歴代王朝において、中国の農民が苦労して働き求めていたのは自分の土地を手に入れることだったが、今日には家をかなぐり捨てて子孫を育て土地を離れることになった。これは前代未聞の変化である。

わたしの学生のうち七〇％以上が貧困家庭出身で、八〇％が農民の子供である。これは悲壮な連鎖となっており、父祖が苦労すればするほど子孫の心に重くのしかかり、そして結果を早く手に入れようと焦れば焦るほど、実はその道がないことを思い知らされる。

上の世代と比べ、今の若者たちのチャンスは減っている。もし知識が運命を変えることがもう出来ないのであれば、かれらはただ未来への期待を最低のところまで引き下げるしかない。女子学生の一人はあるニュースの後ろにこんな感想を書いて寄越した。「将来、自分が露天商をやるしかないとしても、知性のある露天商を目指すわ」。

遠くを見ることができないから、多くの人たちが視線を縮め、手元へと戻し、眼の前のことだけを見るようになり、コンピュータゲームと恋愛が四年間の大学生活を支配するようになる。寮ではみなネットに夢中になり、キーボードを叩く音しか聞こえず、おしゃべりする者もいない。同じ寮の人間とも QQ でのおしゃべりを選び、振り向いて相手のことを見ようともしない。ある女子学生が言ったことがある。二〇一〇年三月から七月の学期の間、十二人の男子学生が彼女に好意を示したが、彼女は拒絶した、と。「あの学生たちは断られるのは平気なのよ、なにもなかったかのように普通に暮らしているの。そしてくるりと踵を返して、他の人に言い寄るんだから」。

また、ある学生は学外でアルバイトをして、両親の経済的な苦労を減らそうとしていた。冬が近づき、あちこちで労働者不足が起こり始めると、(26) そこにちょうど大学生が滑り込んで穴を埋めるのである。あるとき、人と食事にでかけたら、注文を取る店員の声色が妙に重苦しい。ようく見たら、去年教えた学生で、彼女は「せんせいに見つかるまいとしてたのに」と言った。店を出る時、彼女は男性の店員一人を呼びつけた。やはりうちの学生だった。

両親が苦労して出稼ぎで学費をためてくれているというプレッシャーと予想がまったくつかない未来。その間に挟まれた彼らは明らかに弱者である。

期末が近づき、女子学生の一人が言った。「あーん、ダイエットしなきゃ」。太ってるわけでもないのになにがダイエットよ、とわたしは言った。

彼女は言った。「お休みまであと少し。家に帰ったとき太っていたら、父はわたしが絶対に真剣に勉強していないって怒るんです」。

三年生になった曹紅萍が、不動産ショールームに行ってきたと言った。

(26) 冬が近づき、あちこちで労働者不足が起こり始めると：出稼ぎ労働者たちは冬、特に春節が近づくと長期の休暇を取って里帰りする。農村出身の彼らにとって春節は時には二、三カ月に及ぶ農閑期を使った長い休みとなる。

それを聞いてわたしは、なに、あなた、ショールームで働きたいの？　と尋ねた。期待たっぷりの眼をして彼女は尋ねた。「せんせい、わたしダメかしら？」。

学ぶ権利

新学期最初の授業は四棟二一一教室だった。ちょうど新しく雇用された留学帰りの先生がわたしの最初の授業時間に、見習い授業として回されてきたので、わたしはまだよく顔見知りになれていない学生たちのまんなかに座って、聴講生を演じていた。すぐにわたしの前の机の角に、斜めに小さく真っ黒く「真難受」〔本当にきつい〕と書かれているのが目に入った。字は大豆くらいの大きさで、黒インクで書かれており、学生の文字だった。教壇に立ってとうとうとしゃべっている人間には、こうした「授業下の文化」は理解することができない。

ある日の夜の授業で、ある学生と休憩時間におしゃべりした。わたしはずっと彼女を自分のクラスの学生だと思っていたのだが、彼女は今日この授業が最後の聴講になりますと言う。彼女は経営学部の学生で、さよならを言いに来たのだった。というのも、先週彼女が詩の授業に来ていたとき、経営学部の先生が点呼を取り、彼女がサボっているのに気がついて、十点減点されたのだという。その十点が彼女にとってどんな意味があるのか分からず慌てて、取り戻せそう？　と尋ねた。彼女は落ち着いて、大丈夫です、と言った。あとで何人かの学生に十点減点された人がいると話したら、みんなあんぐりと口を開いてなにも言わなくなってしまった。いつもの成績がぜんぶ取り消されちゃったってこと？　それって取り戻せないですよ、という。彼女が姿を見せなくなってから初めて、彼女の名前が王秀珍だと知った。さよならを言いに来たあの夜、彼女はとても幸せそうで、夏休みに自転車で海南島を回ったときに見聞きしたことを話してくれ、また次の休みにはひとりで列車に乗って旅行に行くのだと言っていた。最後に、彼女は言った。先生がまた点呼を取るかもしれないから、もう聴講には来れません。

広告を学んでいた曹紅萍は金融の授業を聞きに行ったという。彼女がいうには、あれは世界で一番良い授業体験だったそうだ。「クラスがちっちゃいの、四十人しかいないんだもの……先生は板書するし、学生に一字一字それを写させるの……先生が手を取って教えてくれるのよ、まるで師匠が弟子に手作業を教えるみたいに……あんな授業を受けたいなぁ」。

多くの科目には選択履修という名前はついているものの、学生には自由に授業を選択する権利とその余裕は与えられていない。規定された学位の単位を集めるにはすべての授業を漏らさず選ばなくてはならず、選択履修科目も結局必修科目になっている。本当に興味に従って科目を選んだら、卒業なんて根本的にできないのだ。

学校はいつも出席率を強調し、抜き打ち検査をしていたものの、サボりは減らなかった。一年一年、授業はこうやって続けられ、こうやってサボるものなのだ。学生も教師もどれほど文句を言ったとしても、教室のドアの外へは出ていけないのである。

訪問客

今学期は正式に学生を三回自宅に招いた。訪問の様子はいつも違った。

最初の回は、女子学生が四人だった。あれは夕日が素晴らしい日で、やってきた彼女たちはあちこち触ってあれこれ見て回ったあと、ソファーの上にぐにゃりとなった。話題は散漫で、一番盛り上がったのは子供の頃の不思議な話と幽霊話だった。そんな話をわたしは楽しんだ。まるで文革期の農村の雨が降り続くあの晩のような気分になれた。

次は男子学生と女子学生がやってきて、わたしは食事の用意をした。彼らのためにテレビをつけたら、数秒間後には湖南衛星チャンネル[27]に切り替えてしまい、エンタメ番組に身体を揺らしながら大笑いしていた。

二〇一〇年最後の日が三回目であった。その日は気持ちの良い太陽の光が降り注ぎ、曾維潔に声をかけ、一人じゃ寂しいだろうと、だれかを連れてきてもいいわよ、と言ってあった。ドアを開けると、わいわいと十一人が入ってきた。四つのクラス、三つの学年、三つの専門というばらばらの子たち。彼らは二手に分かれ、一つのグループは、唐詩や宋詞や元曲などといった本についての意見を交換しあっていた。もう一組は顔色がだんだん重苦しくなり、わたしが近づいて行って、窓の前に座っていた男子学生がこう言うのを聞いた。「ぼくたち大学生は今の社会において最も重要で最もフレッシュなグループだ、ぼくたちは行動すべきなんだ」。ずっと立っていた女子学生はわたしたちの作文のテーマ「わたしの夢」について触れて、こう言った。「人は夢を持つだけじゃなくて、夢を実現することのほうがもっと大事なの。あの日作文を出してから、わたしはずっと考えていた。夢というのは、実はそれを実現する過程のことであり、夢と夢の実施こそを行動力というのよ」。その時、わたしは口を挟まず、ずっと聞いていた。

翌日、客の一人だった曹蕾が一組の文書を送ってきた。

曹蕾のメールの一部にはこう書かれていた。

……玉樹地震の数日後、わたしたち学級委員が数人集まって学級委員会議を開いていたときに、地震の話になった。安力は彼女の友だちが玉樹にボランティアに行ったと言う。わたしも行きたいわ、でも授業をほっておくわけにはいかないし、と言った。みなが一言一言それぞれに意見を言うと、最後に安力がこう言った。わたしたちで玉樹地震のための街頭募金をやるのはどう、赤十字会を通じてお金を被災地に送るのよ。

……今回の活動には学生四十人が自己意志で参加した。手作りの六百個のリボンを準備して街に立ち、一〇〇二一・四元（約一二万三三〇〇円）を集めた。

前後三回のお客は、毎回がリアルなもので、わたしの一方的な記録で彼らを論じるのは偏っているかもしれない。

彼らを招待する時、別になんの意味もないのよ、と言ってあったのだが、実はわたしには思惑があった。毎回、あるドキュメンタリーフィルムを準備して、彼らに読書の心得を討論、あるいはその話を「させよう」と思っていたのだが、いつもわたしはその「させよう」という意図を自分で押さえつけた。彼らをリラックスさせて自由にさせるべきだと。わたしの家で過ごす数時間くらい、若者たちのやりたいようにやらせてあげればいいじゃないか。

（27）湖南衛星チャンネル：中国では各省が衛星チャンネルを持っている。湖南省の衛星チャンネルは早くから台湾のテレビ番組制作者たちと協力して、人気エンタメ番組を作ることで人気のチャンネルだった。

この男子学生の脳みそは止まることなく動き続けている。いつも思いにふけり、その思いあぐねていることはすべて重大事件なのだ。

せんせい、昨日から今日にかけて考えてたんだけど、人生の目的が分かったよ。人が生きるのは両親のためだと言う人もいるけど、ぼくはそうは思わない。人が生きるのは自分のためであるべきだ。それが両親のためということとは矛盾しないはずだ。

せんせい、昨日ぼくが考えて出した結果とは、ぼくの一生の目的は生活の中で美しいものを見つけ出すこと。ぼくの目標がとうとう分かったよ。

せんせい、ぼくは顧城みたいな詩が好きなんだと気がついた。素敵な言葉があるよね。ぼくは素敵な言葉を全部メモしてる。あの日、クラスメイトと雑談していたとき、おしゃべりしながらふと、ぼくらが日ごろしゃべっている話を書き留めたらそれって詩じゃないか、って気がついた。ぼくらはそこからどの言葉が詩みたいだったっけと思い出そうとしたんだけど、もう覚えていなかったんだ。

せんせい、せんせいは授業でぼくに教えてくれたよね、いつかそんな道を歩いていた人たちがいたって。でも、そんな道はもうなくなっちゃったんだ、道はもうないんだね。

せんせい、ある日突然わかったんだ。海子の「面朝大海、春暖花開」(28)に騙されてた。ぼくは海子ってロマンチックだなぁ、と思ってたけど、全然そういう話じゃなかったのさ。

せんせい、集団っていいよね。大学に入ってから周りの人たちがとてもばらばらだと気がついた。なにかを、なにか一つのことを心を合わせて協力してやれたらなぁ。みんなでその一つのことをやれたらどんなにいいだろう。

せんせい、寮でぼくたちはどの時代に生まれたかったかって話し合ったんだ。春秋戦国がいいっていう人がいたけど、ぼくはせんせいたちのあの時代に生まれたかったな。あの時代はピュアだったから。

李亜駒は山西省の昔陽からやってきた。彼によると、昔陽は昔とても有名だったのだという。昔陽は炭鉱の街で、母方のおじいちゃんは小さいころ石炭を掘っていた。今も村のあちこちに穴があるそうで、崩れ落ちていたり、村ごと売られたところもあって、田舎の風景を眺めているととても悲しくなると言った。

(28)「面朝大海、春暖花開」: 詩人海子が一九八九年に書いた詩。三つの段落で成り立っているが、美しく分かりやすい用語で、実は幸福を追い求め、孤独感を綴った詩。この詩を書いた二カ月後、海子は線路に横たわり、自殺した。

李亜駒は小さなころから父親の影響で、古典詩が大好きだった。他の人から聞いた話だが、李亜駒は伝統文化に傾倒しており、大きな扇子をネットで八〇元（約一二〇〇円）出して買い、枕元に置いて寝ているそうだ。

わたしにとっての李亜駒のイメージはもっと違う。あの年齢の読書経験を同じくする世代は、本能的に集団美、つまりきちんと揃っているところや崇高さを求める。個人は小さくて弱々しいが、一旦集まればその能力がお互いに温め合い、パワーになるはずだとそれを欲している。彼と同じクラスの梁紀元もわたしに長い電子メールをくれたことがあった。そこで彼は、集団と個人の関係について語り、彼は「社会メカニズムが人類を指導する」べきで、それによって個人の存在が作り上げる「混乱の増大」を減らすことができると言った。

晏恒瑶

教室の中を歩いていて、彼女がノートに書き込んでいた詩について尋ねたら、顧城の詩だと言う。一年生のときに教えたことはあったが、それほど印象のない子だった。授業が終わっての帰り道、彼女と歩きながら、彼女が夏休みに雲南省大理にある蒼山の茶農場で働いたときの話を聞いた。

彼女はそこの素朴な生活が気に入り、茶道を学んだ。授業のために戻ってくる前にインターネットで南京で天文学を学ぶ女子大生を見つけて、自分の後を引き継いでもらったのだそうだ。天文学を学ぶ子が星図を持って蒼山にやって来て、二人で一緒に夜空を眺めて星のことを学んだ。滝が流れる谷あいについて事細かに描写しながら、本当はそこに残りたかったと彼女は言った。茶農場に来ていたある台湾の作家が「なんでまたここに来るのは映画ドラマを学ぶ人か、天文学を学ぶ人ばかりなの」

と言い、「慌てふためいて山にこもろうとするんじゃない、まだまだ若いうちからこんな生活をしてはダメよ」と彼女に言い含めたそうだ。

晏恒瑶は湖南省湘潭の農村出身だ。おとなしくて、いつも黙りこくっている。二〇一一年の春節が過ぎたばかりのとき、彼女からメールが来て、深圳で家政婦をしている母親と一緒に暮らしながら、実習先を探していると言う。

ちょうどわたしも深圳の自宅にいたので、まず彼女の代わりに新聞社の友人に尋ねてみたが、人手は足りているという返事だった。「タダでいいのよ」と問いかけたら、友人は「お金を払ってでもインターンしたいという子たちがたくさんいるの、本当に来るんだったらきちんと上司に報告して認可をもらわなくちゃ」という。「認可」と聞いて頭痛がした。その後雑誌をやっている友人にお願いして受け入れてもらうことになった。

そろそろ仕事が始まるというときに、彼女がわたしと話したいというので、うちの団地の入口で会う約束をした。その日は大雨が降っていて、彼女はわたしが見つけられないのではと心配したらしく、門の外で雨の中ずっと立ち尽くしていた。

わたしは尋ねた。農作業をしたことはある？　実家にはまだ畑はあるの？

高校生の頃、十数日のうちに刈り入れてすぐに次の作物を植えなければならないとき、よく手伝いをしたという。小さいときは農作業しても疲れを感じず、隣の子どもたちと土の中で遊び回っていたけれど、大きくなったら疲れるようになった。家にはもともと田んぼが七ムーあったが、両親が耕すには大変でそれほどたくさんの土地はいらないと考えた。大学に入ってから自分の戸籍を学校所在地に移したとたん、村の人がすぐにやってきて彼女名義の一ムー分を回収してしまい、両親の農作業はちょっと楽になった。

その後祖母が亡くなり、また一ムー減った。最近帰郷するたびに土地の良さが分かる、と言う。家の前には池があり、池の向こう側が野菜畑になっていて、野菜畑の向こう側にはまた別の家があり、その家の向こう側は竹林で、その向こう側は山の傾斜面いっぱいの茶畑で、水田はそのもっともっと向こうにあるのだと話してくれた。祖父はたくさん野菜を作っていて、春節のときには村ではセロリが一斤[29]四元（約五五円）で売られるが、祖父は二元（約二八円）の値をつけるから、村中の人が買いに来る。祖父はたくさん鶏を飼っていて、毎日卵が二斤できる。彼女の母親は深圳で家政婦として二年ほど働き、父親は故郷に残ってずっと温水器の取り付けや上下水道の修理をしている。頭の回転が早くて、どんな仕事でも見ただけですぐにできる人だという。彼はいつもバイクに乗って、仕事であちこち走り回っている。弟が一人いて湖南省で働いている。ブルドーザーの運転手だそうだ。

二〇一一年の春節、彼女の母親が実家に戻ってきたとき、何日もかけて部屋の掃除をした。お母さんは、男一人が暮らす部屋は汚いわねと小言をもらした。

わたしは言った。「深圳から農村の古い部屋に帰ると、その違いを感じるでしょうね」。

彼女は答えた。「ええ、彼女は一所懸命洗ってこすって、都会の家はとってもきれいよ、母さんがお手伝いしている家はとてもきれいにしてあるの、床を拭く雑巾だって真っ白よ、って言ってました」。

彼女は言う。「地元を離れて大学に来て三年あまり、今になって実家の野菜はおいしいし、風景もいいし、別荘みたいだな、って思います」。

「そうよね、土地って良いものよね」と、わたしは言った。「ネットにこんな書き込みがあったわ、二〇万元（約二七〇万円）を持って故郷に帰り、別荘を建てて経済的な車を一台買うこと、それが良い生活だ、って」。

それを聞いて彼女は言った。「お母さんは早く帰ってきて家を修理してお父さんと一緒に住みたいと言っています」。

晏家にはいまも土地が五ムーある。彼女によると、実家の古い家は子どもの彼女の目の前で両親が自ら建てた家だそうだ。地面に穴を掘り、レンガを焼くところから始めた。今やその家は古くなり、修繕が必要になった。両親は今後故郷に居残り、子供たちだけ外に出すつもりだそうだ。

以前の学生、蒲晋松が言っていたことを思い出した。同級生が卒業して故郷に帰ったら自分名義の土地がもうなくなっていることに気がついた、と。大学を卒業して帰郷し、戸籍を村に戻しても過去の赤貧生活が待っているだけ。戸籍を戻さなければ、土地は取り上げられてしまう。

二時間あまりも雑談してしまった。その間彼女はずっと落ち着いた小さな声で話し、三回だけしゃべるスピードが速くなった。

一度は列車の汽笛が聞こえたときだ。彼女が言った。「せんせい、近くを鉄道が走ってるの？」。列車に反応した彼女に、そのときは春節の記憶が呼び起こされたのだろうと思った。その後になって、中国では億単位の人たちにとって列車は親や故郷を意味するものなのだとふと気がついた。

おしゃべりの後、近くの湖南料理レストランでお昼ごはんを食べた。使い捨ての箸を見て彼女が慌てて言った。「せんせい、それ使っちゃだめ。お母さんはレストランで働いたことがあるの、不潔だって言ってた！」。

別れる前に、彼女は自家製の干し肉をくれた。「わたしにじゃなく、あなたを受け入れてくれたわたしの同級生にこれを贈りなさい」と言ったら、彼女は困った表情を浮かべた。「今まで付け届けなんかしたことないし」。わたしは慌てて、「付け届けっていうより、農産物なので『食べてください』って

（29）「斤」：五百グラム。

言えばいいのよ」と付け加えた。彼女はそれでも戸惑いを浮かべてためらっていた。

一週間後、彼女からメールが届いた。「干し肉はまだ家にあります」と書かれていた。わたしは二十歳の若者の思いを軽く見ていた。彼らはピュアでクリーンすぎて、他人に干し肉一つ送るのにもためらいを抱えているのだ。

後になって、晏恒瑶は深圳の思い出を作文にした。その一部をご紹介しよう。

街角で一所懸命生きている人たちを見るたびに、わたしは涙が溢れそうになった。目がふっと熱くなるのをゆっくりと押さえ込む。もしかしたら、母が話してくれた、彼女と父が出稼ぎに出ていたときの体験が、わたしを同じ思いにさせたのかもしれない。市場で一番安い野菜を選び、ときには他人が捨てたものを買って、冬は北部地方の冷たい風の中を走り回る。同じような苦しい経験をあれほど多くの人たちが繰り返している。見たところまったく同じような人生をほじくってみると、それぞれに喜びや悲しみ、出会いや別れがあり、わたしはそのほとんどに同情を感じる。友だちの家は東門大市場そばの湖貝旧村にあり、典型的な城中村(30)だった。軒が低くぼろぼろの建物で、生活感は比類なく強烈で、道路上のあちこちに衣服がかけられ、麻雀の音が響き、笑い声をあげながら子どもたちがあちこち走り回り、落ち着きなく若者がぶらぶらしている。春節のときには三平米ほどもないその部屋で家族四人が過ごし、二段ベッドに彼女と母親、弟と父親が分かれて寝た。人の想像力はほとんどの場合、現実に追いつけない。小さな小さなビルの中に九つの部屋があり、トイレは屋上に一つしかなく、それぞれの家が一つしかない台所を使ってご飯を作り、用具は自前。今は電気コンロがあるから便利だけど、生活レベルが上がったとは言えないわよね、と彼女は言った。わたしたちがおしゃべりしていたとき、ねずみが一匹ゆったりとご飯を作る台の上を歩いていった。彼ら一家が夜になってあの小さな部屋の中で楽しそうにテレビを見ている光景を想像することができる。ちっぽけな空間だから家族はぎゅっと肩を寄せ合うしかなく、それはそれで温かい。生活は苦労だらけだが、それでも慰められるものがあるのだ。

表向きは穏やかな若者の心には、豊かで純粋な広い世界が広がっているのである。あなたがそれを理解しようとするかしないかの違いだけだろう。

鄧伯超

鄧伯超のことをきちんと書いてこなかった。彼が一年生のころから、わたしは本書でたびたび彼のことに触れてきた。卒業した彼が北京の学校に行ってしまうまでずっと。でも彼のことをきちんと書いたことがなかった。理由は一つだけ、彼には生きることの重苦しさを感じてしまうからだ。わたしのファイルの中の数万字は彼からのものだ。そこには脚本や手紙も含まれている。

鄧伯超というと、いつも彼が真っ黒な顔で笑っているのを思い出す。彼は笑うにも軽さはなかった。一年前、彼が海南省儋州で客家人のドキュメンタリーフィルムを撮影するとき、話しながら腕の上にメモをとり続け、左腕を持ち上げると真っ青なボールペンのメモでびっしりになっていたのが、わたしの「鄧氏の入れ墨」の思い出となった。

(30) 城中村：華やかな都会の中にひっそりと取り残されたように残る農村風景。急激に区画開発が進んだ中国にはあちこちの大都市にこうした城中村があり、低所得者層や出稼ぎ者の居住エリアとなっている。中国語の「城」は「都会」の意味。

演劇・ドラマ・映画・文学専攻に来る前、鄧伯超のお気に入り作品は「古惑仔」だった。この四川の農民の息子は荒々しく力強い生命力をみなぎらせていた。彼が書く文章にもそれが溢れている。ここに彼のメールから二つほど抜粋してごらんにいれよう。

鄧伯超のメールその一：「子供のころ」

あるとき、真夜中に両親が殴り合いのケンカを始めた。父さんは母さんが不貞を働いていると言い、母さんに向かってこう怒鳴った。もし、ほかの男とデキてないなら、自分の指を切り落としてみせろ、と。そして、二人はそれぞれ自分の指を一本ずつ切り落としてみせたのだ。ぼくらが近づくと、彼らはドアも窓もしっかり締め切り、中華包丁を握ったまま中でわめいていた。床にまな板が置かれ、そこに指が二本あった。ぼくは怖くなった。というのも、幼稚園の頃、最初の登園日にぼくと一緒に遊んだクラスメイトが、次の日に幼稚園に行くと、彼女はお父さんに殺されてしまったと聞かされたことがあったからだ。一家全員がお父さんに殺されたという。彼女はまだ六歳だった。ぼくは父さんがぼくの母さんを殺し、そしてぼくらを殺しに来るのではないかと怖くなった。ぼくはあの事件以来、家に帰るたびに寒々とした気分になり、怖いと感じるようになった。特に暗いのが苦手だった。ぼくは今でも真っ暗は大嫌いだ。でも、その時ぼくは勇気を出して、ガラスを蹴破り、部屋の中に飛び込んで、地面に這いつくばった。ガラスが飛び散った地面で彼らにケンカをやめてくれと懇願した。でも彼らはぼくに構わず、言い合いを続けていた。

鄧伯超のメールその二：「二〇一〇年冬、北京で学校に通っているときのこと」

北京ではエキストラ俳優たちと一緒に暮らし、部屋代は一カ月一八〇元（当時のレートで約二二〇〇円）だった。

北京に来たばかりのとき、いろんなことを目にした。そんな時にはショートメッセージで先生に送ろうとしたのだけれど、一本のショートメッセージでは書き終わらないのが分かって、文字に残し始めた。どれも整理していないまま、ばらばらと書き散らしたものだ。

強制立ち退きをこの目で見たこともある。北京に行ったその日に「戯頭」[31]（本人による注意書き：あとで「戯頭」だと分かったんだけどね）と出会った。エキストラ俳優っていっても今じゃ、俳優だけを専門的にやっているわけじゃなくて、俳優の仕事がないときは現場で下働きや肉体労働や警備員をやるんだ。エキストラは数合わせだけだからね……ぼくはその「戯頭」に他のエキストラと一緒に警備員の仕事に回された。でもぼくは、お金はいらない、手伝うだけだから、ぼくは北京に働きに来たわけじゃないから、と伝えた。ぼくの本業（彼は映画ドラマ研修コースの学生だった。三万元[32]あまりの学費は、すべて借金で賄ったそうだ）は勉強だからね、えへへ。その晩未明に呼び出され、まだ夜が明けないうちに集団に混ぜ込まれ、強制立ち退きの手伝いをしてこいだとよ……ぼくは思った、あんたたち都会の連中は実のところ、決して幸せなんかじゃないよな、だってあんたたちには根っこがないんだから。中国庶民が火葬を望まないのは、土に葬られて初めて往生できる

（31）「戯頭」：エキストラの手配師
（32）三万元あまり：当時のレートで四〇万円。

からだ。それはまた、自分の根っこへと還っていくんだから。あんたたち都市の人間には根っこがない。ぼくは農民であることが誇りだ、金はないけどさ。ハハハハ……

鄧伯超の文字を飾り立てた文章と比べてみると、その原始的な生き生きとした力を感じる。それは彼の生命力そのものだ。もし世の中に文学というものがあるならば、彼が書くものこそが今日の本当の文学だろう。

農民の子鄧伯超、金持ちと一緒の舞台に立ちたくない若者は、ここ二年間に以下のように映画やドラマの世界で評価されるようになった。

二〇〇九年、監督作品「毒」が海南省初のＤＶ動画大会感動部門一等賞を受賞。
二〇〇九年、四川テレビ祭「ゴールデンパンダ」賞国際大学生映画テレビドラマ部門最優秀クリエイティブ賞にノミネート。
二〇〇九年、「北京大学生映画祭」短編部門ドキュメンタリー部門入賞。
二〇一一年、第五回「雲之南」ドキュメンタリーフィルム展で監督作品「余光之下」がコンペティション部門に出品される。

梁毅麟

詩人で友人の江非を招いて詩を読んでもらった日、梁毅麟が映像授業の宿題の撮影に来て、授業後、彼と短く言葉を交わした。

「あなたたちに江非が詩を読みに来るとは伝えていなかったんだけど。てっきり四年生は興味ないだろうと思ってた」。

するとと彼は、「それは彼らのせいじゃないです、真面目に勉強してきた人はみんなそうなっちゃうんですよ」と答えた。「中国の教育が最後に作り上げるのはほとんど同じような人ばかり。もう何歳までに結婚して、何歳までに子どもを生んで、なんて計画している人もいるんですよ」。

彼の落ち着きと寛容さが、わたしに自分の視点でばかり他人を見てはいけないな、という思いを呼び起こした。

梁毅麟は広州からきた、痩せっぽちの男子学生だ。いつも一人でぶらぶらしていて、彼が池の狭い岸を一人で歩いているのを窓からよく目にしていた。その姿は次の瞬間に水に落っこちてしまいそうだった。正面切って顔を合わせてもなんの言葉を交わすこともなく、そのまま通り過ぎていく。しかし、梁毅麟の書く文章はここ数年の学生の中でとびきり生き生きとしていた。

最後の授業で詩を読んだとき、最初彼が普通話〔標準中国語〕で読み始めたら、クラスから「広東語、広東語」と声が上がった。彼はふと読むのを止めて、広東語に切り替えた。二十年前なら広東語は北方人に「鳥の言葉だ」とからかわれたものだが、今ではとてもおしゃれな言葉として人気だ。広東語ポップスが流行したせいでもあるし、経済的なものとも関係している。梁毅麟が軽い広東語の口調で最初の詩を読み終えると、みなが頭をゆすりながら言った。いい響きだねぇ。

梁毅麟が読んだのは、イェイツ[33]の詩「歳をとったら」とチョーサー[34]の「The Bird's Rondel」、そし

(33) イェイツ：アイルランドの詩人、ウィリアム・バトラー・イェイツ（一八六五年六月十三日－一九三九年一月二十八日）「歳をとったら」は、一八九三年の作品。

(34) チョーサー：イングランドの詩人、ジェフリー・チョーサー（一三四三年頃－一四〇〇年十月二十五日）。

て最後の一本はボードレールだった。

梁毅麟は作文で「夢」についてこう書いた。「率直さ、冷静さ、そして善良さを死ぬまで持ち続けたい。死ぬときに自分に向かって微笑むことができるよう、だれにも恥じることがないように」。

梁毅麟は本当にそういう心を持った人である。

田舒夏

可愛らしい河南女子の田舒夏はいつも目をくるくるさせて、心の中には外見とは似つかわしくない情熱を秘めた子である。授業のときの彼女は、いつでも椅子の上から飛び上がって質問しようと待ち構えているように感じられた。彼女はいつも質問を抱えていた。そして、北京大学という言葉を聞くと、目がいつもきらりと光った。

田舒夏がわたしの目の前にUSBメモリを差し出し、「新しいの」と言った。それは学校図書館が学内で一番本を借りた学生に贈ってくれた賞品だという。とても興味をひかれて、いったい何冊読んだの？　と尋ねた。すると他の学生が彼女の代わりに答えた。「一学期で二百七十冊あまり」。良かったわね、本をたくさん読んで賞品までもらえるなんて。すると田舒夏が答えた。「どうでもいいんです、新しいUSBメモリはもちろん嬉しいけど、でも……」、彼女はそれほど読んだ本が自分に大してなにかをもたらしてくれたとは感じられなかったようだ。

田舒夏という子は容易に感情を高ぶらせる一方で、容易に落胆する子でもあった。河南省が故郷ならと、『中国在梁荘』(35)を読むように薦めたが、本を返してきたとき、好きな本ではなかったと言った。この本には彼女が期待するような優美な文章がなかったと。

美しいものと真実は相反するものだと、彼女は思っていたようだ。わたしは、彼女の希望に見合う本を一瞬のうちに思いつかなかった。大学生の多くが美しさと真実にはなんの関係もないと思っていて、真実とは書いてはならないことで、本になるほどの水準とは美しい文章のことなのだと考えていた。それはきっと、これまで彼らが見てきた教材がうそっぽい美辞麗句で書かれていたことと関係しているのだろう。ここから教材がどれほど人を損なうものなのかがよく分かる。

学期末、田舒夏がとても興奮して言った。学外の教師による講座を聞きに行ったのだが、とても良い講座で感動したという。講座が終わるとその先生のところに駆け寄って、「ハグしてもいいですか？」と尋ねた。その教師はなにも言わず、さっと手を開いて彼女を抱き寄せた。そばにいたわたしたちの学校の教師たちは驚いて固まった。そして「なんでまたそんなことを？」と言ったそうだ。田舒夏が嬉しそうにその話をし、そのハグを再現するのを見て、わたしは嬉しくなった。この辺境の島の大学にある内気で朴訥としたムードの中で、ひとりの女子学生がそんな大胆で思い切った感情表現をするなんて、素敵じゃないか。それは素敵なことよ、美文をたくさん読むよりずっといいことだわ。

田舒夏は、自分がなにを食べるのが好きで、なにを着るのが好きで、どんな部屋に住みたいかといったことまで話してくれた。そして突然ぽつりと、自分の家がほしい、わたし自身の家よ、それはどこにあるのか、今は分からないけれど、と言った。

(35)『中国在梁荘』：梁鴻著、河南省鄧州市の過去三十年間の変転をまとめたノンフィクション。出稼ぎによって村が崩壊していく様子が記録されている。一八七頁注（17）参照。

二〇〇九年の秋、わたしは彼のクラスを教えた。彼らはこの年入学したばかりの新入生だった。国慶節休暇が終わったとき、彼は自分が書いた短い文章を三本見せてくれた。エッセイや日記のようなもので、親戚が開いた自動車修理工場に行ったときの見聞が細かくまとめられていた。彼が言うには、自分は書く練習をしているところで、毎日一本作品を書くように課しているそうだ。わたしは、「無理やり書く必要はないのよ、書きたいと感じたら書けばいいんだから」と提案した。当時の彼は、周囲の散漫なムードとは違っていて、非常に真面目な子だった。

その後、彼が授業中居眠りをしているのを目にした。どうしたのと尋ねたら、「夜遅くまで本を読みすぎちゃったんです」と答えた。「時間はあなたのものだから自分できちんと配分しなさいね」とわたしは言い、彼はうなずいた。「盧小平はその気になったら猪突猛進しすぎる。今授業を受けながら、もう次の授業のことを考えている。徹夜して本を読み、授業で居眠りしている」と言った人もいる。

その年のクリスマスの夜、授業が終わって下校していると後ろからパタパタという足音がした。盧小平が後を追ってきてわたしにりんごを一個くれ、「平平安安」(36)と言った。校内で売られているりんごがどれほど高いかを知っていたので、二〇一〇年のクリスマスには盧小平にりんごを一袋お返ししなきゃ、と思っていた。

今学期になってから彼の姿を見かけなくなった。クラスメイトたちによると、彼は落第したという。授業中ずっと居眠りをしていたからだ。健康状況も入学時に比べて明らかに悪くなっていた。今はアルバイトで忙しく、ケンタッキーフライドチキンで配達員をやっているらしい。忙しくて、仕事が終わって帰ってくるのは夜十一時を過ぎていて、自分で白粥を作って食べているという。

盧小平、江西省出身、家は貧しく、敏感な小心者の白ウサギのようで、無邪気で透明の大きな目をしている。彼はいつも遠くでわたしを見かけると急いで走り寄ってくる。その若い彼を前にわたしの口からは健康の話しかでてこなかった。「身体こそが本分よ」。

何超

「詩の記憶」について、何超は作文の中でこう書いた。中学校のとき、彼が所属していた農村学校が最初で最後の詩の朗読コンテストを開いた。彼は興奮して、小学三年生のときの教科書から「囚歌」(37)を選び、毎日暗唱し、ふろに入るときも大きな声で朗読した。クラス内選抜の当日、彼が教壇に出て「みなさんの前で「囚歌」を朗読します」と言うつもりだったのに、「「囚歌」を演じます」と言ってしまった。まだ幼かったから「朗読」という言葉を知らなかったのだ。すると先生が言い放った。「朗読って言葉すら言えないのなら、やらなくていい」。結局、彼は朗読させてもらえず、その後全校決勝戦のとき、彼のクラスから選ばれた子がその「囚歌」を朗読して、賞を獲った。彼はずっと「囚歌」は自分のものだと思っていたので、他人に盗まれたことを心の中でずっと忘れられずにいるという。

作文の最後に、何超は丁寧に「囚歌」の全文を書き込み、この詩を永遠に忘れないだろうと書いていた。そして、詩の後ろに雲で作った枠を描き込み、そこにこう記していた。

(36)「平平安安」:「無事に過ごしましょう」の意。りんごの「蘋果 ぴんぐお」と「平安 ぴんあん」の「ぴん」の発音をひっかけた言い方。
(37)「囚歌」:一九四二年、重慶の山洞に監禁された革命家が謳った詩。

せんせいありがとう、ぼくの現代詩に対する最初の素直な情熱をまた放ってくれて。今夜から詩を読みます。ぼく自身の方法で、一番素直な気持ちを込めて。

十二月二十一日　六面碰壁居士

何超にチャンスを与えなければ。あと数カ月したら彼は卒業してしまい、もしかしたら今後詩を朗読するチャンスがないかもしれないのだから。最後の授業のとき、何超は壇上に上がり、堂々とわたしたちに「囚歌」を読んでくれた。彼は「囚歌」にまつわるあの話を丁寧に紹介してから言った。「まずはあの、中学校一年生のときの甲高い、かしこまった声で一度読んでみます。その後もう一回読みます、今のぼくの声と理解で方言版の「囚歌」を」。

わたしは初めて安徽省宣城の方言でこの古い詩が読まれるのを聞いた。細かくキレの良い、軽快な歯間音で表現されるそれは、せわしなく、また緻密だった。

余青娥

わたしにとって青娥はずっと、学生というより友だちだ。彼女の故郷の江西省鄱陽湖の話を聞きたいと思ったし、彼女の書く純朴で心のこもった文字も好きだった。農村教育支援(38)に行きたいという、彼女の夢を助けてやりたいと考えていたが、当時学校は農村支援申込者には奨学金を事前返済し、すべての学費を納めることを申請条件の一つにしていた。彼女は躊躇しながらも、最後は福建省で出稼ぎしている両親と連絡を取り、大変な思いをしてそのお金をかき集めた。

なのに、青娥は最初の選抜で淘汰されてしまった。不合格になった理由は普通話(39)の水準だと言われた。その結果を知らせてくれたとき、青娥は大きなため息をついた。「まさか普通話でひっかかるなんて」。わたしはなにも言わなかった。というのも、その理由は普通話ではなかったからだ。

青娥はすでに卒業したが、教育支援に行けなかったので海南省三亜で就職先を見つけて働いている。青娥に尋ねたことがある。「毎年の春節の帰省ラッシュはものすごいのに、なぜそこまでして実家に帰るの?」。

彼女はこう言った。「他所で自分がどんなふうに働いて、どんなふうにお金を稼いで、どれほどの苦労を舐めたか、故郷の人たちは知らないし、目にしていない。そんな故郷に、あの土地に戻るだけでみながわたしのことを知っているし、春節が来ると家を離れていた人たちが帰ってくる。街を歩くときは、一番良い服を来て、おしゃれして、何人か集まっては昼間っから麻雀を打つ。わたしが外の世界ではなかなかの暮らしをしているはず、あんなにおしゃれなんだものと、みんなが思ってくれる。故郷にいるときだけ、だれもわたしを泥臭いと笑わないし、汚いと顔をしかめることもおまえは田舎者だなんてことも言わないの。故郷ではみんな田舎者だから。そういう気持ちになれるのは故郷だけなの」。

余青娥がおしえてくれたことはまだある。お父さんにわたしの話をしたとき、お父さんがその先生に付け届けをしろ、と言ったそうだ。彼女は「わたしのせんせいはそんな人じゃない」と言うと、父親は「どんな人でもお礼をすることは良いことだ」と怒ったという。

(38) 農村教育支援：大学生たちが、農村の僻地に教育支援に行くボランティアのこと。期間は数日間から数年とさまざまで、政府がボランティアたちに最低限の生活資金を提供する制度がある。

(39) 普通話：中国語の標準語。本書五〇頁参照。

余青娥は、彼女の故郷の鄱陽湖の小さな村での春節を丁寧に細かく描写してくれた。どんなに想像力豊かな作家でも作り出すことができないほどにたっぷりと。

二〇一〇年の春にも彼女からメッセージが来たのに、秋になってから来なくなってしまった。卒業後彼女がくれた電話番号にかけても通じなくなっていた。

名も無き教師たちの奮闘

徐飛が、中学校のときの先生はとても詩が好きで、よく読んで聞かせてくれ、机の上に立って大きな声で朗読するよう勧めてくれたと言った。映画の「いまを生きる」(40)を真似たのね、とわたしは言った。彼は、そうかもしれない、という。その後徐飛がまた、中学校の先生のご主人も詩が好きだったと言った。その時、あら、それは女性の教師だったのね、と気がついた。徐飛によると、「中学校のとき、ぼくらの教室は三階にあって、先生は四階に住んでたんだ。たびたび先生と先生のご主人が家で詩を朗読する声が漏れてきたんだ」。

この話を忘れられずにいる。目の前のこの学生たちがその見知らぬ教師のもとからやってきたのだと思うと、堅苦しい学校の授業規則もそんな先生たちの個性をつぶさなかったようである。心からそんな教師に感謝したい。

わたしは徐飛に、彼が学んだ学校とその先生の名前をノートに書いてくれと頼んだ。

四川省眉山市仁寿県元通中学　呂淑英

その後、郜楠も作文で自分の中学教師について触れた。

わたしの国語の先生はわたしのあこがれです。手に火を点けたタバコを持ち、もう片方の手でチョークを握り、興奮たっぷりの授業をして、授業が終わるとチョークの粉をたっぷりつけたまま荷物を片付け、教室を出て行きながら、「仰天大笑出門去、吾輩豈是蓬蒿人」(41)とつぶやく。師であり友であり、こんないろんな事細かなものごとにこだわらない先生をわたしは尊敬しています。彼とわたしは一緒に長椅子に座って、余華や顧城や方鴻漸(42)や老子や仏教学について語り合いました。

この二つの話を知って、そんな教師たちの名前を記録しておきたいと思った。休憩時間に学生たちに、よければ自分の価値観に影響を与えてくれた小中高校の先生の名前を書いてちょうだい、と頼んでみた。始業のベルが鳴ったときにはメモが二、三十枚集まっていた。その日出席していた学生の四分の一である。それをここに書き記しておく。

(40)「いまを生きる」：一九八九年製作のロビン・ウィリアムズ主演映画。全寮制の男子校で教える教師が主人公で、伝統に反した手段で学生たちに文学や詩を教える。英語原題の *Dead Poets Society* は劇中の詩のサークルの名前。
(41)「仰天大笑出門去、吾輩豈是蓬蒿人」：李白の「南陵別児童入京」より。「空を仰ぎて大笑いして門を出る、われは荒れ野の住人にあらず」の意で、落ちぶれた生活をしつつも、希望と志を忘れていないことを謳っている。
(42)方鴻漸：現代小説作家、銭鍾書が書いた著名小説『囲城』の登場人物。清代の役人の家に生まれ、いいなづけの父親のお金で留学するものの、女性遍歴を繰り返し、そのたびごとに運命が狂わされていく「典型的な伝統的文人」。

1 （推薦者は無記名）浙江省湖州四中英語教師　姚群：庶民が奮闘する哲学を語ってくれた。

2 （推薦者は無記名）海南省三亜茘枝溝南亜中学歴史教師　馬小佳：わたしたちは「小馬」（馬さん）と呼んでいた。自分の授業を聞くか聞かないかは君たちが自分で決めろと言い、いつもわたしたちに自分で考えろ、正解なんて探すんじゃない、答えは一つじゃないんだから、と言った。キミたちがぼくのやり方通りにやろうとするなら、ぼくの教育は失敗したってことだ、と言っていた。

3 （推薦者は無記名）四川省宜賓県二中国語教師　李隆成：厳しくて、怒られると泣いたり、ヘコむんだけれど、教室に戻る前に彼に向かって笑顔を見せろと言ってくれた。厳しいお父さんみたいだった。

4 何杏の推薦：湖南省汨羅市汨羅鎮甘坪小学　黄紅：小三のときの担任の先生だが、中学に上がっても高校大学に入っても、ずっと学生の成長を見守ってくれている。

5 （推薦者は無記名）安徽省繁昌県繁昌一中国語教師　羅文林

6 呉済鳳の推薦：海南省海口市華僑中学政治教師　王双燕：「女子学生は自分を愛しなさい。自分すら愛せずに、どうやって人に愛してもらえるの？」と教えてくれた。

7 明煒の推薦：湖北省十堰市竹渓県延壩中学　劉永芳：他人の目に「できそこない」だと映っていたぼくを、前向きでしっかりとした人間に変えてくれ、良心について教えてくれた。／同じ学校の国語教師　方徳敏：ぼくに文学を教えてくれ、特に文学における「隠者」とは、多くの人たちに見捨てられ、冷たくされても、自分を失わずに独立した高邁な人物でいる人のことだと教えてくれた。

8 （推薦者は無記名）海南省澄邁県澄邁中学歴史教師　黎吉標：どんなことがあっても自分の視

点を持ち、他人が言うことをまねてはいけないと教えてくれた。シンプルで純朴な姿勢ながら、授業では強く、過激で反逆的な個性を持つ人で、学校のトップには歓迎されなかったが、学生間では人気があった。

9 賀如妍の推薦：湖南省彬州市第一中学　鐘大乾：ぼくたちに「自己価値と社会価値の統一」を教えてくれ、人生に対する考え方をたくさん話してくれて、教壇に立つ、背の低いふつうの彼から後光が指しているように感じた。

10 譚碩の推薦：湖北省宜昌市紅領巾芸術小学校数学教師　胡興鶴：潜在能力を引き出してくれ、自信をつけてくれた。

11 閻暁晨の推薦：内蒙古自治区包頭市第九中学校歴史教師　劉鳳玲：良い先生、不思議な一生を送った人。ぼくの心に頑張るぞって火を点けてくれた人。

12 范平金の推薦：海南省文昌華僑中学校　王良広：ちっぽけな存在だと自尊心のなかったぼくを、まったく別のすばらしい世界へと連れ出してくれた。

海南省文昌市文昌市中学　張熙鋭：ぼくに初めて哲学的な積極的な人生の価値を教えてくれた。

13 （推薦者無記名）福建省福州市平潭県城関中学校国語教師　蔡峥嵘

14 付暁玲の推薦：湖南省邵陽市洞口県木瓜中学校　周定球：資源の乏しい学校だったので自分の蔵書をわたしたちに貸してくれた。素晴らしい朗読者。彼の能力なら絶対にもっと良い学校で教えられたのに、彼はわざわざ農村中学にこだわり、無知な子どもたちを啓蒙してくれている。

15 黎春景の推薦：海南省三亜市第二中学校　何珊玲／周志民：何先生はとても優しく、周先生はぼくらを励ましてくれた。

16 潘盈羽の推薦：海南省海口市華僑中学地理教師　符永歓：クラスメイトは「じゃがいも」と呼んでいた。ぼくらに社会の現実をいろいろ教えてくれた。

17 （推薦者無記名）山西省離石市中陽県中陽第一中学校国語教師　任傑才：いつもぼくらにいろいろなことを教えてくれた。テレビや映画や事件など。どれも考えさせられるものばかりだった。

18 梁偉の推薦：海南省儋州市八一総場中学校地理教師　卓正涛：頑固で古くさい、可愛い「おっちゃん」は地理の授業なのにいつも他の学科の授業になり、教科書を持っていってもそれを見ず、たびたび詩を読み、なにか良い言葉を思いついたらすぐに黒板に書きつけていた。

19 林夢の推薦：中学校のときの数学教師　錚子玉：わたしがクラスメイトとしゃべっていて下品な言葉を吐いたとき、ちょうど通りかかった彼がそれを耳にして、パンっとひっぱたかれた。クラスメイトたち全員の目の前だったから、わたしは悔しくて恥ずかしくて泣いた。あとで教員室に呼ばれて、きちんとした言葉は女子にとってとても大事な修養だと教えてくれた。

20 王若媚の推薦：海南省瓊海市嘉積中学校　王小羽：彼女はわたしたちに自由に考え、それぞれの意見を述べることを教えてくれ、ほかとは違う授業を受けることができた。

21 （推薦者は無記名）山東省聊城市等昌府区八甲劉中学校国語教師（姓名が抜けていた）

22 （推薦者は無記名）安徽省天長市天長第二中学校国語教師　張達河：最初の授業でわたしたちに、「知識は運命を変える、夢はぼくらをほかと違う人にしてくれる」と言った。「人が尊いのは独立した思想を持つからだ」と言い続け、ぼくはずっとその彼の話を実践してきた。もしかしたら、彼がいう独立した思想の境地とはまだまだ距離があるのかもしれないが、ぼくはこの理念に大きな影響を受けた。彼があんなに早いうちにぼくにこんな深い道理を教えてくれたことに感謝している。

23 黎詩婷の推薦：海南省儋州市木棠鎮木棠中学校　黎皓：彼は陥れられた。わたしたちにたくさん詩を読んでくれたのに、今どこにいるのか分からない。

夢のこと

「あなたの夢について書いてちょうだい」と作文のテーマを出したことがある。回収したあるクラス百二本の作文を集計したら、「流浪したい」が二十人と二〇％を占めていた。「隠遁したい」が十一人で一一％、その他「健康で気持ちよく静かに暮らしたい」が十一人、「小さなお店を持ちたい」が九人、「もっと自由でもっと公平な生活」が四人、「仕事を持つこと」が三人、「恋愛したい」が三人、「自在に気ままに暮らしたい」が三人、「自分らしく生きたい」が三人、「勇気を持って起業する」が二人、「うまく言えない」が四人……となった。わたし的に分類すると、保守的で腰が引けた選択をしたのが九五％ということになる。

以下は集めた全三百九十七本の作文の一部だ。

1 清潔な環境で、お金や社会的地位で成功をはからず、楽しく、心の赴くままに暮らすことがわたしの願いだ。大学院入試を受けたくない。なぜ中国が今のような状況になったのか、若い人はもっと自由に奔放に生き生きと生きるべきだろう。go with my heart!

2 心から全国の高等学府が英語四級試験の成績を学位免状取得条件とするのを止めてほしい。なぜ中国の学生の能力を英語によって証明しなくちゃいけないの。

3 小さな違いにこだわらず大同を求めるようになってほしい。個人がもっと自信を持てるように、もっと寛容でもっと自由に（原作編集者注：ここは一部削除あり）なってほしい。もし、過去のある時代を選べるなら、戦国時代に戻りたい。紛争はあるだろうが、思想や言葉の面では百家争鳴の時代だったからだ。

4 八〇平米くらいの家を買い、お母さんを僕の働く街へ引き取って、朝は豆腐脳や油条、焼餅[43]を食べて、僕は仕事に行く。夜はまた彼女と一緒にテレビを観たい。

5 いつか家族が安心して暮らせるようになったら、純朴で痩せた清（青）藏高原に生き、愛情と教育が足りない孤独な子供にしっかりとしたケアと支援を提供したい。

6 一番てっとり早く大金持ちになって、両親を連れてシンガポールに移民する。

7 一緒に苦しみを分かち合える仲間を集めて、毎日のように笑って暮らしたい。僕らは海賊で伝説の宝島を探し歩き、それを見つける。ハハ（手描きのイラストが添えられており、そこには白い雲が浮かび、雲の上には城が見える）。

8 真実が欲しい。

9 遠くに行きたい。遠く遠くへ。

10 正直さ、冷静さ、善良さを死ぬまで維持し続けたい。死んだ時には自分に向かって、だれに対しても心苦しいことはなかったと笑いたい。

11 時空を超えて、古代の帝王になる。現代の武器を使って兵を率いて地球を征服する。

12 文芸作品にもう一つの世界がありますように。あのフィクションのイメージがその時空では本当に存在しますように。

13 大きな海辺の家が欲しい。四面どこも全面ガラスで、木の香りのする床板を敷き詰め、その上でごろごろしたい。

14 家族のために本を書く。おばあちゃんおじいちゃんからぼくらまで、三代の話を書きたい。

15 毎日どんなときでも、世界のどこにいようとも、どんな人とも膝を割って話したい。

16 期待しない……期待しない……期待しない……ぼくはただ自分が強くなり、十分な能力で自分を愛してくれる人と自分が愛する人を守れるようになりたい。そして力を借りて他者をいじめるのはやめろと訴えたい。

17 自分が生まれた村に帰り、故郷の教育のために尽くし、村の一人ひとりの子供に勉学の機会を与えたい。

18 自分がやりたいことをやり、制約されないようになりたい。華々しくなくてもいい、遺憾でさえなければ。

19 努力して家族のために家を一軒と小さな車を一台買い、突然のできごとに対応できる十分なお金を手に入れたい。

20 世界がぼくを追い詰めず、世界があまりにも多くの裏ルールを持たず、一人の自然な人間でいたい。

21 独身マンションを買う。場所は北京。ハハハハ……

(43) 豆腐脳や油条、焼餅：豆腐脳は「脳みそのように柔らかい」豆腐、油であげたパン、小麦粉を使って油で焼いたパンケーキのことで、それぞれ都会の伝統的朝食メニュー。

22 夢は二つある。一つは心理セラピストになって、悩み苦しんでいる人の心のつっかかりを取ってやりたい。もう一つは、いつの日か中国語が英語に変わって世界言語となり、外国人がみな、中国語検定の四級六級レベル試験を受けるようになること。

23 バックパックを背負って旅行に行く。自由に歩き回り、授業を落としたり、仕事が見つからないとか、高レベルの生活が出来ないかもといった鎖をときほどき、赤い栄誉証書を手に入れるために奮闘する努力を捨て去り、自分でなりたい自分になること。

24 ある日、古びた籐の揺り椅子に座り、母校のグラウンドで横になり、冬の太陽を浴びて日光浴する。

25 現代社会に取り込まれていない、辺鄙で美しい土地に行って、二階建ての家を建てて、自分の庭や林檎畑を手に入れて、暇なときには本を読む。

26 わたしの夢は、だれもわたしのことを知らない土地へいき、落ち着いた生活を送ること。まるで昔の隠遁者のように。

27 わたしの夢は自分勝手、わたし自身のことだけ。わたしは自分の能力がどれほどか知っている。いつも冗談で、人の魂を見ることができると言っているけれど、それって本当なの。だから、わたしの夢は文字を使ってずっと忠実に一人ひとりの心の中を書き表し、生きている人にその証拠を手にさせること。きっと、温かいはずよ。

28 人は夢を持つことで偉大になれるというけれど、中国式の教育では陶芸でただ泥をこねくり回しただけという。その偉大さは子供のときにとっくに変質しているのよ。

29 サッカーのイングランドプレミアリーグのリバプールに入ってサッカーしたい。トップクラスのサッカー選手になって、中国サッカーに栄誉をもたらしたい。

30 わたしにはちっぽけな心しかないので、夢も小さい。愛する人と家庭を築くこと。彼がどこにいるかは分からないけれど、その家を温かい作りにしたい。

31 自由な人になりたい。生活に束縛されず、迷いを捨て去りたい。

32 もしできるなら、時空を飛び越えて古代に戻りたい。というのも、わたしは計画性がないから自分の未来を考えられないし、考えたくもない。でも、今一番やりたいのはダイエット。去年と同じくらいまで痩せること！

33 両親をがっかりさせたくない。わたしは彼らが信じているほど聞き分けが良いわけじゃないし、能力も主張もある。でも、やっぱりわたしは彼らをがっかりさせたくないから、お父さんがわたしに望むことを実現したいだけ。

34 大学生活でもう悩みたくない。大学教育がさらに指導力のあるものであってほしい。

35 自分が心を落ち着けて納得して暮らすこと、もう二度と苦しむことがないように。それが無理だって分かってるけど。

36 出身地で申請した来年の学資ローンが無事におりますように。そうなれば学費のことで頭を痛めなくて良くなる。

37 行きたいところはたくさんある。スウェーデン、札幌、モントリオール、ミラノ、ブリスベン。二十八歳になったら世界を一周して、わたしの流浪の夢を完成させるの。素晴らしい家を手に入れて、車は必ずしもいらないけど、自転車だっていい。わたしの生活にはカメラ、絵筆、バイオリン、ピアノ、そしてキーラ・ナイトレイ(44)の映画が必要。家は二軒。一軒は大きな木の上

(44) キーラ・ナイトレイ：イギリスの女優。

に作った木の家で、縄梯子を使って上るの。家の前には小川があって、芝生の坂があって、その向こう側にはひまわりをびっしり植える。一生懸命お金を稼いで人のために、本当に助けが必要な人のために尽くすの。腐敗や汚職をする人と徹底的に戦って、わたしの父の仇を取る。わたしにはたくさん夢があって書ききれない。ここに書いたことは努力して必ず実現してみせる。

38 お店を持ちたい。店内で売るものは全部わたしが作ったもの。服に箱、わたしの考えを他人の心に共鳴させたい。

39 海口のすべてのこそ泥を集めて座談会を開き、彼らに十分なお金を与えて、彼らが二度と他人の携帯電話を盗んで生活の足しにすることがないように（ぼくは海口でのわずか一年間で携帯電話を二台盗まれた）。

40 古代に戻って、現代人の考え方で生活する。他人とは違う人間になり、素晴らしいカンフーを身につける。

41 世界が自由で平等になりますように。

42 月の光の下に座り、老酒を飲み、酢漬けピーナッツと豚の頭の肉を食べ、自分の魂をリラックスさせたい（ぼくは「すする」と書きたかったんだけど、その漢字が書けなかったので「飲む」と書いた）。

43 説明しない。ぼくは本当に軍歌が鳴り響くのを聞きたい。釣魚島と南海で（原作編集者注。この部分は削除あり）。

44 自分の農場を持ち、大きな木を植えて、小さな平屋の家を建てて、鳩の群れと二匹の駿馬を育てて、枚子と黄昏時に西の空を眺めながらゆったりと散歩したい。

45 農婦、山の泉、ちょっとした田んぼ（蒲晉松は彼の巴中県にある田舎には農村戸籍を取れないと言っていたから、一部の同級生は畑がないままだ）。

46　故郷の重慶でどこかの山を探して、山の上に小屋を建て、坂の上にひまわりをびっしり植え、犬一匹、蛇一匹を飼い、一緒に朝日と夕日を見るの。

47　大学生活は充実を感じられず、なんともいえない思いや茫漠とした思いばかり。早く自分が向かうべき方向を見つけて、二度と落ち込まないようにしたい！　同時にみんなが仲良い寮があるといいのに！

48　一個二元のケーキショップを開けば、たくさんの人にケーキを食べてもらえる。

49　弁舌の立つ弁護士になりたいと思ったことがあったけど、自分とは相容れないこの専門に配分されて夢と消えてしまった。今のわたしは、それなりの仕事、自分のために頑張れる仕事を見つけたいと思っている。

50　この社会がこれほど慌ただしくなくなり、物質的でなくなりますように。二度と両親がお金と権力からわたしの将来の夫を評価しませんように。

51　貧しい子供のあまりにも漠然とした夢が希望に変わりますように。ヴェラ・ウォン(45)の設計したウェディングドレスを来て結婚するの。これは信条よ。

52　いつか、大学の教壇に立ち、わたしの学生に「思考」を、「なぜ」を教えられるのではなく自分から「なぜ」をたくさん尋ねるようにと教育する。

53　わたしの夢：両親が自慢する子供になること。自由な職業人になり、世界を旅行し、学んで学んで学び続け、お金を儲けて儲けて儲け続ける。

54　父がこれ以上病気で苦しまず、弟が安心して学校に通え、お母さんはわたしたちのためにこれ

(45) ヴェラ・ウォン：ニューヨーク出身の中国系ファッションデザイナー。

以上ため息をつかず、そしてわたしは本当の自分を生きる。

55 ぼくになにかをするよう強制する人がいなくなること。

56 さらに公平でさらに自由に。

57 僕の夢はたくさんたくさんたくさんありすぎる。最も偉大で最も空っぽなのは、人々がみんな博愛の心を持つことだ。もう一つ自分の夢を書くならば、ぼくは結婚したくない。子供はいらない。普通の収入の仕事があって、休みに自分の行きたいすべての街に行って、美しいはがきを自分に送りつける。

58 もし選べるなら、小川が流れる山の中でぼんやりと過ごしたい。

59 十分なお金を稼いで、××先輩と一緒に飛行機に乗って、「ロリータ[46]」を聞きながら、ギリシャを一周して回る。

60 未来の一年間に稼いだお金で本を百冊買い、それを真剣に読み終える。

61 一昼夜をまるまる使って、壁中に本が並べられた書斎で、自分が読みたい本を読む。

62 願望を持つ人がどこまで行けるものなのか、知りたい。

63 自分でお金を貯めて、実家の壊れた家を修理したい。だれもが逃げたいと思うような農村にある家だが、ぼくはあそこが好きだ。あそこにはぼくの最もシンプルでロマンチックな記憶があるから。

64 最初の三十年間は学ぶことを心がけ、その後の三十年間はビジネスの王となり、その残りの人生は船に乗って世の中を楽しんで回る。

65 清廉な人になり、たとえ次の一瞬が最期の日になっても後悔なくこの世を去りたい。

66 家が貧しいから、金持ちの二代目にはなれない。でも、自分の努力で自分の子供を二代目にしてやりたい。もっと重要なのは自分で自分の運命をコントロールし、運命にコントロールされないこと。

67 豊かで落ち着いた時代には学び舎へ、世が乱れ功を立てるべき時には戦場へ。

68 成長とは困惑の過程であり、心が次第に成熟に向かうにつれて、突然夢が自分からますます遠ざかってしまう。

69 最大ののぞみは人生において、物質のために自分を傷だらけにしないことだ。

70 順調に弟を大学まで行かせてやりたい。

71 わたしの授業スケジュールをすべて取り消したい。わたしの時間をコマを単位に小さく小さく切り取って、一部の教師の無駄な話を聞かせないで。冬は暖かく夏は涼しい、コンピュータが備わった図書館が欲しい、そこに文学や芸術、宗教や哲学なんかの本をすべて投げ込み、じっくりとわたしに読ませてちょうだい。

72 神になり、世界を支配する。暇なときに世界各地をお忍びで回る。

73 子どもたちを自然に還し、老人たちをそのルーツに帰し、学生たちを自由にし、恋人たちは自由な恋愛へと戻してやる。

74 神がわたしたち人類を赦したまうよう願っている。神の忍耐には限りがあるが、神のゆるしは無限である。

75 チョモランマに登頂する。

76 この世界のエントロピーが悪い方向に向かって成長するのを見たくない。人類と世界が最終的

(46)「ロリータ」：人気ポップ歌手金海心の歌。

に悲劇で終わるのを見たくない。存在の因果を知りたいと思わないか？　今最も切迫した夢はぼくの想像力が十分に四次元、さらには五次元を理解できるようになること、ぼくのボイジャー号が大地を求める人類の眼を乗せて我々が生活できる宇宙を見つけに行けること。

77 自分のことを含め、人のことをさっと透視できるようになりたい。

78 大学がイヤだ。卒業してからコックになって、個人料理の店を開き、自分の好きな料理を作りたい。

79 一人ひとりがなにを、どうやって考えるかの自由を持ち、規制は受けず、否定や非難をされず、正解はなく、間違いも存在しない。

80 わたしの兄にこの二年間のうちにふさわしい恋人が見つかりますように。結婚のために結婚するんじゃなくて、愛し合えますように。

81 一生母と一緒にいたい。

82 お金を貯めて戸籍を香港に移し、逃げる。なにも変えられないから、逃げることしか選択できない。

授業の後、丘悦穎がわたしのところに来て、夢を語ってくれた。自分の夢は同化されてしまった。どうやったら社会に潰されず、夢にさらに近づけるのだろうと考えているという。それを湖北省にいる祖父に電話して尋ねたところだそうだ。

彼らの夢は多いが大きくはなく、具体的で実際的だ。ただ、母親に「朝は豆腐脳や油条、焼餅を食べさせる」程度のものなのに、現実は彼らの空想を受け入れてくれないのである。もしかしたら現実が知識や理念、幻想を腐らせ、最後に残るのが人の本性ってことなのかもしれない。

テストと不正

この学期は長文作文をテストの代わりにするつもりだったので、書面でそれを申請して認可を得る必要があった。

教務の陳先生が尋ねた。「どうしたら彼らがネットで「パク」って一本にしないと保証できますか？」

わたしは言った。「授業中に書いてもらうんです。始業ベルが鳴って初めてテーマを発表するので、「パク」るなんてできませんよ」。

テスト当日はなかなか壮観だった。教室は満員で、しばらく現れなかった見慣れぬ顔もいくつかそこにいた。そろそろ始業ベルというころにはもう空席を見つけられないほどになり、出窓を机代わりに準備している学生もいた。重苦しい、妙なムードが漂い、しっかりと閉じられた幅の広い青いカーテンが風に吹かれて音もなくひらひらと舞っていた。机の上に腕時計をセッティングしている学生もいた。この久しぶりの緊張感を期待していた学生もいるようで、いつものリラックスした様子とは違い、それを楽しんでいる学生も見受けられた。

わたしは言った。「リアルで生き生きとあなたたちの視点を表現してくれれば合格よ、そんなにかしこまらなくていいわ」。わたしがなにを言おうと、彼らはすこしも気を緩めようとしなかった。ベルが鳴ると、教室中がシャーシャーと熱心にペンを走らせ始めた。手元に小さなセロテープを持ち込んでいる学生がたくさんいた。一九九九年、農村学校を訪れたとき、貴州省西南部と陝西省北部(47)の子

(47) 貴州省西南部と陝西省北部：このふたつの地域は、中国でも貧しい地域とされる。

どもたちが、消しゴムの代わりに同じ方法で書き間違いを直していたのを思い出した。授業が終わると、セロテープは腰のベルトにひっかけておく。目の前の学生たちは十一年前はまだ小学生だったのだ。あっというまに彼らは大学生としてここに座っている。

終業ベルが鳴ってわたしは言った。「提出のときに「まだ書き終えていません」と書いておいてくれればいいわ」。それでも十数人の学生が机につっぷして、擦っては書いて、書き直して、十分あまりたってやっと提出した。

女子学生が二人、同時に提出した。一人がもう一人に言った。「あなた、なんで作文で顔真っ赤にしてるの。鼻まで真っ赤じゃないの！」。わたしはそれを聞きながら、うふふ、わたしが課題に選んだあの絵のせいかもしれないわね、と思った。それは、若い少年少女が手を取り合って道を歩きながら遠い向こうを見ている絵だった。

この試験はわたしを喜ばせてくれるディテールがたくさんあった。解答用紙に漫画を描いて添えてくれた子、時間内に書き終えられなかった子は「書き終えてません、えーんえーん……」と書き込んでいた。用紙を提出した後腰を伸ばしながら、「やっとこれから自分が書きたいものを書けるぞ」と言った子もいる。

こんなスタイルのテストだったにもかかわらず、それでも不正を働いた学生もいる。二本の作文の観点は完全に同じで、丁寧に比べてみるとこの二人はお互いにコピーしあっていることが分かった。工夫を凝らしてこっそりとやったのだろうが、まったく同じ段落を文章の中に挟み込んでいた。

英語の四級、六級テストと期末試験が続き、それが終わったばかりの学期末、ある学生が言った。「せんせいは知らないだろうけど、今回の英語のテストは不正が多かったんだよ。いい根性してる。いろいろな方法があって、耳の穴に隠したハイテクまで使ってたよ」。

別の学生は言った。「好きでもない学科を、無理やり学ばせられて、無理やりテストを受けさせられる。それこそが不道徳だ」と。ふとあの女子学生の言葉を思い出した。「不正をやる人間がみんな悪い人とは限らない！」。

ネットである写真を目にした。身体から離れた首が苦しそうに机の上に立っている様子だった。キャプションはこう書かれていた。「テスト監督の先生は言うでしょ、試験と関係のないものは机の上に置いておけって」。

また、やはりネットで、貴州省のある学校で試験後にゴミ箱に捨てられていたというカンニング用のメモの写真を見た。一面の真っ白で、なかなか壮観だった。

あなたなら真相を言えるかしら

ニュースの授業で、尋ねてみた。「もし、あなたがあるできごとに隠されている事情を知っていて、それを証言しなければならないとき、あなただったらどうする？　沈黙する、それとも真相を明らかにする？」。

ふたつのクラスの反応は対照的だった。三年生のクラスは一瞬で静かになり、だれも声を発さなかった。

授業が終わり、ある女子学生が言った。「せんせい、証言をする人は死ぬより悲惨な目に遭うわ」。もう一人の女子学生が言った。「お父さんに聞いてみる。お父さんが言いなさい、って言ったら証言する」。

一方で二年生のクラスは先を争って意見が飛び交った。ほとんど反射的に、「真相を言う！」と三分の一の手が挙がった。

沈黙と歓呼、三年生と二年生。これってまさか、高等教育を一年多く受けたせいなのかしら？

手をおろしたばかりの彼らに言った。

その場面を想像してちょうだい。本当に自分がその立場になったら、あなたがたはきっと不安になると思うわ。手を挙げてもなんのリスクもないのなら選択は難しくないけれど、正義を貫くにはかならずリスクがある。人は生まれながらにして恐れも抱えているし、英雄になりたいという思いも持っている。後者に比べて恐れはもっと人の常態よ。これこそがあなたがたに「セント・オブ・ウーマン／夢の香り」を推薦した理由なのよ。それをただの奮闘記だと思ってほしくないわ。現実は往々にして理想主義の失敗で終わる。だって人は恐れないわけにはいかないし、自分を守らないわけにはいかないのだから。でも、世の中には正しいことと間違っていることが存在することをしっかりと知っておかなきゃならないの。

わたしがこう言うと、さっき興奮状態だった教室が落ち着きを取り戻した。それでもわたしの言葉はまだ何人かの心に届いていないのを感じた。まぁ、彼らは本当の選択に迫られたわけじゃないんだし。

ある日、二人の学生がわたしの前でおしゃべりしていた。

ひとりが言った。「某先生は学生にこっそりスパイさせてるらしいよ」。

もう一人が言った。「そうなんだ、彼の情報収集係になればいいね」。

わたしは尋ねた。「なぜ？」。

「情報収集係は安全だもん」という答が返ってきた。

先の学生が言った。「だったら、おまえはおれのことを言いつけるだろうから、やっぱおれが収集係になるよ」。

真相を言うことで安全だと感じられる。この二つのできごとは表面上まったく関係ないようだが、長年、絶えず人生をだれかに支配され、采配されてきた世代にもまた、いつか自分が選択に直面したとき、自分の選択を曲げない子もいるはずだと信じたい。

背景

わたしの詩のクラスでは、いつも文字の裏側にある情景を強調してきた。提出された作文の中に「生活の背景が人心にもたらす影響について」というタイトルのものがあった。わたしが意図したのは文学の面だったが、多くの学生がテーマを脱線して、その思いを綴っていた。彼ら自身がいままさに直面している現実の環境について論じていた。

1　村の子どもが村から出ていく唯一の道は、勉強して大学に上がることだ。彼らの心は強靭で善良だが、一旦だれかに騙されると二度と他人を信じなくなる。都市の子どもは生活条件のおかげで、視野が広く、はきはきとしていて、容易には他人を信じず、簡単には自分の心を他人に語ったりしない。彼らの最大の欠点は、シェアすることを知らないことだ。わたしは海口市で十歳の女の子の家庭教師をしているが、壊れた電子レンジの修理に来てくれた人に、お母さんが牛乳を一本あげた。修理を終えた修理人はその牛乳を持ち帰らなかった。少女はお母さんに尋ねた。「なんでわざわざ牛乳をあの人にあげようとしたの?」。彼女がそこで使ったのは「なんでわざわざ」という言い方だった。

2　ひとり親の家庭で育った子どもの多くは感情に対して疑り深く、貧困家庭の子どもは社会の暗い面に少々センシティブだ。必ずしもある環境がなんらかの人格を生むとはいえないものの、その影響はきっとある。

3 わたしのように農村から来た子どもは、なにに対しても深刻に考える。自然、家族の情、友情など。大都市で生活している人は落ち着かない生活とにぎやかな世界に慣れているから、人情に対して重苦しくない。そして両親が離婚した家庭の子どもはさらに悲観的である。

4 座ったままで成功を味わえる人は労働する人の苦労を知らず、指図することに慣れている人は下から人の目の色をうかがう人の苦しみを知らず、生活バックグラウンドは人の心の善悪観に大きな影響を与える。

5 小さな村で育ったわたしには自信が欠けている。

6 わたし自身は頭から爪先まで、心臓や脳神経も徹底的に影響を受けている。わたしの世界観は常に悲観的だし、幻想ばかりで現実に向き合おうとしない。だが、生活のバックグラウンドはきっといつかすっかり変わって、雲一つない青い空になると信じている！

7 上海の住民アパートで火事があり、人びとが弔問に出かけ、アパート前の路上には菊の花がびっしりたむけられているのをニュースで見た。ある父子の顔を覚えている、泣いていた記者を覚えている、（音楽を手向けた）あの楽隊を覚えている、まさに生活バックグラウンドが人に影響を与えているところじゃないかしら？

8 安全に、落ち着いて生きるのはそう簡単じゃないわ！

9 ある人が微博でこう書いていた。「上海市民が自発的に弔問したのはとても偉大なことで人間的だ。山西省や河南省の炭鉱夫と家族は生命に対する神経がすっかりマヒしている」と。わたしは彼の上海人に対する無限の褒め言葉と、わたしの故郷に対する無限の貶めに嫌気がした。貧しくて遅れていることがわたしたちがマヒしていることになるの？　だれが彼らの口にできない涙を見たことがあるっていうの？

10 小さな頃から農場で育ち、世の中というものを見たことがなく、両親はともに正直でまっすぐな人だが家庭条件はたいしたことがなく、大きくなってから自分が劣等感を持っていることに気がついた。他人との交流では自然に、「あ、この人の家はお金持ちなのね。きっと仲良くするのはむずかしいわ。わたしたちはまったく別の世界の人だもの」と考えるのだ。友だちと一緒に高級な店に入ると、自分がまるで道化者のように感じる。

11 わたしたちは、自分の生活バックグラウンドですらそれほど分かっていないことがあるのだから、他人の生活に口を出してはいけない。わたしたちの力は弱々しくて、他人の運命を変えることなんてできない。できるのは同情の涙を流すことだけ。

12 良好な家庭バックグラウンドを持つ人は、いろんなことをするにしても心配をする必要がない。だって、負けてもへっちゃらだからだ。そしてそれが、豪快で楽観的な自信になっている。逆に家庭条件の悪い人は、一歩足を踏み出すにもとても注意深く、いろんなことを考えすぎてしまい、思想が保守的になりがちだ。

13 わたしたちはとうとう、この世界に汚れてしまい、もともとの自分たちに戻ることはできなくなった。わたしたちは永遠に受け身で、永遠に社会がわたしたちに適応するのではなく、わたしたちがこの社会に適応していくしかないのだ。

14 よく知られている多くのできごと、たとえば官吏の子弟は権利（筆者注：権力）[48]にできないこ

（48）権利（権力）：中国語では、「権利」も「権力」も同じ「quan2 li4」という発音であり、そのために権利と権力を混同している人が多くいる。

とはないと思っている。「我奮闘了十八年才能和你坐在一起喝咖啡」[49]はわたしのような貧しい家庭の子どもにとって大きな意味を持つ……

15 裕福な家庭の人は貧しい人たちが一所懸命になることが理解できず、彼らは黄色い大地で太陽に背を向けて暮らす気分を理解できない。生活バックグラウンドはわたしの内心に生活の辛さと苦しみという感情を植え付けた。

16 良好なバックグラウンドとは心にもたらされる十分な自信と強さを意味する。堂々と前進できるのは退路があるからだ。一般のバックグラウンドの人間ならびくびくと、失敗を恐れる。ほかの人が負けたときはただお金の話だが、わたしが負けると生活そのもののことになる。野山にはそれほど薪は残っていないから、心の中は保守的になってしまうのだ。

17 人は母体を離れた後、生活バックグラウンドによって作られると思う。だから、似たような環境下で大人になったわたしたちは、身の上に共通点を見出すことができる。そこから生活バックグラウンドは人の内心に影響するといえる。

18 家庭条件が良いからといって他人を無視していいわけではない。生活の苦労を気にせず、自分のほしいものを手に入れることができるから、自然にもっと高い目標を追いかけることができるだけなのだ。家庭環境があまりよくない人に尋ねてみたことがある。彼女はとてもほがらかな女性で、見たところ彼女にはなんの悩みもなく、いわゆるバックグラウンドなど気にかけていないように見えるが、実は心の奥深くでは劣等感を感じており、それほど自信に満ちているわけではないのだ、と彼女自身が言っていた。

19 自分を貧しいと感じる人は、自分をさらに哀れに感じたり、あるいは世界を恨んだりするだろう。だが、人の心は身体に流れる血でできていて遺伝子はもうすっかり自分の骨の中に、歯の中に、皮膚や頭髪の中に根を張っている。貧しいことを恥ずかしいと思わないなら、その人は誇り高い人だ。

20 一人ひとりが一つのともしびである。もしわたしたち一人ひとりが燃えようとせず他人が火を点けてくれるのを待っているのであれば、社会バックグラウンドは永遠に暗いままになる。

21 牛飼いの子どもの誕生日の願い[50]が国が栄えて民が強くなり、社会がなごやかであることだとは思わない。そんな環境下で成長する彼の心はそんな高みまで考えられるレベルになるはずがない。

22 多くの人たちが、農村から都市に来たら帰りたくなくなるはずだと言う。だが、一所懸命過去に戻ろうとする人はいる。今の生活は落ち着いていて、安定していて、小金を持てている。もっと良くなろうと考え、苦労や苦しみを恐れ、大自然の新鮮な空気を求めるようになる。しかし、貧しいときには工場の排気を吸って初めてそこに生きる希望を見出すのだ。

現実で大事なのは生命だけ

何旭蘋がショートメッセージを寄越して、どうやったらわたしが言っていた「生きていることはも

(49)「我奮闘了十八年才能和你坐在一起喝咖啡」:「ぼくは十八年間奮闘して初めて君と一緒に座ってコーヒーが飲めるんだ」(http://bit.ly/2AHazi0)。二〇〇七年頃にネットで発表された記事で、「ホワイトカラーの皆さん、もしぼくが中学も卒業せずに上海に働きに来た農民労働者だとしたら、あなたがたはぼくと一緒にスターバックスに座ってコーヒーを飲むでしょうか?」で始まり、農村出身者の苦労を綴っており、大反響を巻き起こした。

(50)牛飼いの子どもの誕生日の願い:当時は胡錦濤が国家主席を務めていた時代で、社会スローガンとして「和諧社会」が叫ばれていた。当時の宣伝報道にこうした内容を鼓舞する記事があったようだ。

がくこと」を映像にできるかと尋ねてきた。彼女は慌てていた。映像提出の期限が迫っているからだ。近くの埠頭に行ってごらんなさいと提案したのだが、埠頭の管理人に追い出されてしまったという。

一カ月後、春節の帰省ラッシュが始まったばかりのある晩、彼女から立て続けに三本のメッセージが届いた。


せんせい、いまわたしはぎゅうぎゅう詰めの列車に乗っています。今トイレの脇にいます。トイレは洗面所とつながっていて、いろんな人のいろんなことを目にしました。奇跡です。人肉列車ですよ。動きようがないんです。

トイレは五つあります。中国の混雑ぶりは乗るときからとても怖かった。立っていても落ち着きません。


何旭蘋が北へ帰るために買ったのは高価な立ち席券で、七〇〇元（約八七〇〇円）余りもかかったという。

何旭蘋よ何旭蘋、彼女は今なら気がついているだろう。現実は作文とは違うのよ。なにが真実でなにが想像の産物なのか、自然に分かるものなのよ。

わがしが大学生だったときに比べ、今の学生は気楽で怠け者のように見える。しかし、わたしのメールアドレスにはたびたび、彼らから詩、エッセイ、脚本、書評、映画評、感想、意見、求職の手紙、企画書などが届く。春節の里帰りシーズンには学生たちは駅で夜通し並び、列車のチケットが手に入らなかった者は権利主張の手紙を書き、それは多くの人たちを通じてさまざまな方法でわたしのもとに送られてくる。これらは大学の授業とはまったく関係ないもので、彼らが自覚的に「学んだ」行動力なのである。
わたし個人は激昂して息猛々しく、机を叩くような表現は評価しない。わたしたちが若かった頃のあの時代の特徴は次の世代にそのまんま受け継がせてはならず、彼らにはさらに理性的になり、さらに落ち着き、さらに大きな心を持ち、多方面の価値を求めていくべきだ。しかし、こういう話も耳にした。

学生　：せんせい、おもしろいこと教えましょうか。先学期学生会のトップになろうとして争って二組の人たちが校庭の朝礼台の上で殴り合いを始めたんです。
わたし：だれとだれが？
学生　：ある男子学生が、女子学生が呼んできた男子学生たちのグループに追っかけられたんです。本当に殴ったんで、警察に電話した人もいました。
わたし：なんで殴ったの、会長になるため？
学生　：マジびっくりしましたよ、怖いですよね。
わたし：会長になるってそんなに魅力的なことなの？
学生　：もちろん、権力もカネも持てるんですから。

同じような話が起こったとき、よく耳にするのは次のような話だ。

せんせい、あなたはわたしのこと知らないでしょう。わたしは一年生のときに問題ばっかり起こしていたあのお嬢さんですよ。せんせい、わたし、あのあと、うつ病になっちゃったんです。

ある男子学生が教えてくれた話はこうだ。ある同級生が「一緒に死のう」とメッセージを送ってきた。彼は「いいよ、早くこっち来いよ。先におまえを殺してやるから」と返事をしたという。

その話をしてくれたとき、彼の表情はとても落ち着いていた。わたしが「なぜ死ぬなんて言えるの、そんなの、気楽に言う言葉じゃないでしょ」と言ったら、彼は言った。「でしょ、だからぼくは相手にしなかったんです」。

学校が始まったばかりのころ、卒業を控えていた女子学生が飛び降り自殺した。その学生のことは知らなかったが、知っているという学生四人がわたしにその話をしてくれた。唐恵子は手を教卓に載せて言った。「せんせい、彼女はいったいどうしてだったんでしょうね。きれいだし、日ごろもよくしゃべっていたし、司会者もつとめたことあるし、ずっときらきらしてたのに。なんでそんなに簡単に死ねるんでしょう?」。

始業ベルが鳴ったが、唐恵子は動かなかった。どうしても答えを見つけ出したいとでもいうように。わたしには言葉がなかった。涙を流しながらわたしに、飛び降りたのはうつ病だったからだと教えてくれた子もいた。

知識が運命を変えられないと知ったとき、暗がりの隅っこにいる若者たちは自分たちが振りまく、小さな光に頼って生きるしかない。彼らが最後に頼れるのは生きるための本能だけ、それを自分の心の支えにするのである。もし、だれかが「九〇後」は可哀想な虫のような運命だというのなら、彼らがどうしてそうなってしまったのか？　を考えるべきではないか。

あちこち眺めてみると、可哀想な虫でない人がどこにいるのだ。わたしたちの「九〇後」は火星から来たのではなく、恐竜の卵から生まれたわけではなく、一人ひとりがこの土地で暮らす普通の親から生まれたのだ。目の前にいる生命に対して、だれが道徳的な優位に立てるのだろう？

最後に、インターネットで目にした二つの言葉を記しておこう。

「その話はしたくない」というネットネームを持つ人の書き込みだ。「どうしてそれぞれの世代は上の世代の批判を受けなければならないんだ。いつもいつも前の世代には及ばないといわれるけれど、なぜその逆をいわないんだ？　どう考えたって次の世代のほうが前の世代より優れているはずじゃないか！」。

微博で見た書き込みはこうだ。「その時代が特に良かったわけじゃない。その頃のおまえが若かっただけだ」。

二〇一一年三月三十日　深圳にて

訳者あとがき――海を見たことのない大学生たちの目覚めの記録

かつて、著名映画監督の賈樟柯《ジャ・ジャンクー》が、中国天津の大学での自作上映会で「なぜあなたは貧しい中国のことばかりを題材に、海外に向けて発信しているのだ」と参加者から半ば詰問するかのように問われ、こう答えるのを聞いた。

「これが中国の現状だからです。貧しいかどうかは問題じゃなくて、ぼくは中国の現実を描きたい。ぼくはおとなになって初めて海を見ることができた。みなさんの多くもそうじゃないですか。そして、実際に中国には生まれてから海を見ることなく亡くなっていく人たちがたくさんいる。それが現実なんです」。

このとき、彼と一緒にひな壇に座っていた主演女優の趙涛《チャオ・タオ》は一番前に座っていた女子学生がさっとうつむいたのを目にしたと、あとでおしえてくれた。その学生は上映会が終わってから彼女に近づき、「自分も中国内陸の生まれで天津の大学に進学して初めて海を目にすることができた」と言ったそうだ。

彼の言葉はわたしの脳裏に刻まれ、ことあるごとに中国の茫漠さ、巨大さ、多様性、そしてわれわれ日本人の想像を超えた世界であることを説明するときに引用してきた。島国の日本からすれば決して想像もつかないが、本書を読めばそれが理解できる。大学に来るまで、海を見るどころか、列車や長距離バスにも乗ったこともなく、生まれ育った村を離れたことすらない若者たちが本当に、驚くほど普通に中国には存在しているのである。

それが、当時世界第二の経済大国になりつつあった中国の現実だった。本書は十年前の辺境の大学で学ぶ、われわれ日本人から見ればおぼこのような学生たちの姿を記録し、GDP世界二位のニュースに湧く中国で実際に多くの人たちに読まれ、多くの人たちが学生の一挙一足に心を震わせた、王小妮著『上課記』を翻訳したものである。

＊＊＊

中国の大学環境は二十一世紀を目前に控えた一九九九年から大きく変貌を遂げた。政府が念願だった世界貿易機関（WTO）への加入もほぼ決まり、来たるべき新たな「経済復興」の時代に向けて、新しい時代にふさわしく、また世界に追いつくため、高学歴の「新世代の中国人」作りへと着手した。

それによって一九九八年には約三三・七五％だった大学合格率が、一九九九年には五五・五六％、二〇〇二年には六二・七五％と大きく伸びた。その後一旦上下しながら横ばいを続けたが、二〇一〇年には六九・四五％、翌年には七〇％を突破し、そのままぐんぐん上り続け、二〇一八年には八〇％を突破した。二〇一九年には母数となる共通大学入試の受験者は一千万人を超え、約八百二十万人（合格率はほぼ七九・五三％）が大学に入学したとされる。この数は、一九九八年当時の受験者総数二百八十八万人の約三倍にあたる。本書にも担当授業の受講者数がどんどん増えていくことに困惑する著者の気持ちが綴られている。

一方、著者自身は苦難の時代に続いて、非常に狭い門をくぐり大学に進学した世代である。著者が大学入試を受けたのは一九七七年、この年は一九六六年に始まった文化大革命によって大学入試が中止されて以来、初めて大学入試が再開された年だった。全国からこの日を待ちかねていた五百七十万人が試験場の北京と上海などほんの一部の地区に殺到したが、合格したのはわずか二十七万人。晴れて合格した人の中には、文字通り子どもを背負って授業を受ける人の姿も決して珍しくなく、人びとが純粋に知識を追い求めた時代だった。

本書にも出てくる「知識が運命を変える」という言葉は、時代にもまれた著者たちの世代の信念のようなものだった。そして、今も多くの教育者や文学者が念じ続けているはずだ。そして、それはわれわれ日本人がその歴史を振り返ってみても当てはまる。明治維新で開国した日本が急速な近代化を実現することができたのも、その教育普及率の高さに起因するといわれ、間違いなく日本の運命を変えてきたといえるだろう。

だが、今の時代、知識は人間の運命を変えることができるのか。

本書が記録した十年前の中国ではまだまだ「大学に進学すること」自体が大変難しく、その関門を突破することで「運命を変え」られるはずだと信じられていた。だが、実際に大学に進み、初めて社会に触れた若者たちは、それは「ゴール」でなく、自分たちが新たな競争のスタートラインに並んでいることを知る。彼らがちょうど卒業する二〇一〇年代になると、彼らの卒業後の受け皿となるはずだった都会でも大学卒業者がだぶつき始め、弱肉強食の戦いが始まりつつあった。

苦労して入った大学だが、また社会を前に不安な日々を送ることになった学生たち。教師の立場から書かれた本書には、世の中の荒波に若者たちがもがきつつも、いかに自分をそれに馴染ませていこうとしているかも描かれている。

＊＊＊

ここで著者を簡単にご紹介しておく。

王小妮さんは一九五五年、中国東北部の吉林省に生まれた。彼女たちの世代は本書でも何度も触れられているようにまさに政治に揉まれた世代で、学業を続けることや知識を求めること自体が生命を脅かすことすらある時代に育った。その中を生き抜いた著者は吉林大学に進み、在学中から文学グループを召集したりと、活発な詩作発表をしていたことで知られている。このときの仲間に故・劉暁波氏がいる。

大学を一九八二年に卒業したあと、一九八五年に中国と香港の境にある経済特区、深圳に移住。それ以来、深圳を拠点として詩人、エッセイストとして執筆活動を行っている。大学卒業後に映画文学編集者を務めたことがあり、その関係から二〇〇五年に海南省の海南大学に招かれ、授業を持ち始めた。本書は各地から集まってきた学生たちとの授業の様子を記録したもので、広東省広州市で発行されていた新聞に掲載されて評判を呼んだ。わたしもまたこの連載で、詩の世界ではすでに複数の著作もあり、著名な詩人であった著者を知った。

長い間、個人の権利や表現や希望を奪われたまま青春を過ごすしかなかった著者の世代にとって、「個人の尊厳」と「人間らしさ」の追求はアグレッシブにも見えるテーマになっている。そんな彼女の授業の進め方は、決められたことを決められた形でこなすことを求められた教育を受けてきた学生たちにとって、必ずしもすんなり受け入れられるものではなかった。言葉にすると至極当然のこの二つの価値観を前に、学生たちはとまどいを隠せない。だが、柔軟性という若さの特権を持つ彼らが、次第にそれを受け入れ、心を開き、著者の言わんとするものを受け入れ、自分を解き放っていく姿が本書の最大の魅力である。

わたしは著者のこだわりにも大変深い興味を覚えている。

著者は新しいクラスを前にすると必ず、その出自と文学的興味、そして「真理は存在するかどうか」について一人ひとりに回答を求める。出自に関する質問をするのは分かる。文学的興味も文学専攻なのだから納得できる。だが、「真理は存在するか」——?

ちょっとぶっとんでないか?　と感じた。あなたならこの質問にどう答えるだろう?

「真理」という言葉は、中国の知識人たちの文章を読んでいるとよく見かける言葉である。日本語において「真理」などと言われてもぴんとこない人がほとんどだろうが、彼らは常に「真理」を、一定の知識的地位にある人間であるならば必ず追い求めるべき「原理」のようにそれを語る。日本語の世界に慣れた人間には、大上段にかまえ過ぎのように感じられるし、実際にわたしも最初に本書の原著で、「真理」という言葉が取ってつけたように現実性のないもののように感じられた。

だが、本書を翻訳する過程で気がついた。「真理」とは「真」の「理」と書く。「理」とはなにか。「物事の筋道」「道理」のことである。「真理」とは「ほんとうの筋道」を意味する言葉なのである。人間一人ひとりを育てていく教育の場において、これほど大事な概念はないのではないか。

振り返って日本はどうだろう。教育の現場で本当に「真理」は語られているだろうか。いや、「真理」の存在は信じられているだろうか。この問いに対して簡単に否定や肯定できるほどの知識をわたしは持ち合わせていないが、著者が本書のあちこちで見せる苛立ちもじつはこの「筋道」や「道理」をないがしろにした出来事があまりにも多く、またそれが人びと（本書では学生たち）に「真理」の存在を疑わせてしまうようになっていることに起因している。

人として生きるということはどんなことなのか。社会の一員としてそれを支えていくにはどうすればよいのか。本書が、著者が辺境の地でまだまっさらな学生たちに伝えようとした「真の筋道」について、日本の読者一人ひとりがそれぞれの立場で立ち止まって考えるきっかけになってくれれば、大変うれしいことである。

ふるまいよしこ

二〇一九年十二月二十三日

訳者略歴

ふるまいよしこ

フリーランスライター、翻訳家。一九八七年、北九州大学外国語学部中国学科卒業。香港中文大学で広東語を学び、その後、ライターとして独立。それぞれ十年を超える香港、北京での居住経験、交流体験をもとにした、最新かつ最深の中国事情分析を得意とする。著書に『中国メディア戦争』（ＮＨＫ出版新書）、『中国新声代』（集広舎）、『香港玉手箱』（石風社）があるほか、日本のマスメディアとは違う視点から中国や香港を伝えるメルマガ「ぶんぶくちゃいな」（http://www.yakan-hiko.com/furumai.html）を発行し、note（https://note.com/wanzee）でも情報を発信している。

上課記《じょうかき》
中国離島大学の人生講義

二〇二〇年二月一五日　印刷
二〇二〇年三月五日　発行

著者　王《おう》小《しょう》妮《に》
訳者 ©　ふるまいよしこ
発行者　及川直志
印刷所　株式会社三陽社
発行所　株式会社白水社

東京都千代田区神田小川町三の二四
電話　営業部〇三（三二九一）七八一一
編集部〇三（三二九一）七八二一
振替　〇〇一九〇・五・三三二二八
郵便番号　一〇一・〇〇五二
www.hakusuisha.co.jp

乱丁・落丁本は、送料小社負担にてお取り替えいたします。

誠製本株式会社

ISBN978-4-560-09751-9
Printed in Japan